国家安全知识
简明读本

GUOJIA ANQUANZHISHI
JIANMING DUBEN

国家安全知识简明读本

当代海盗与中国海上通道安全

许可 著

国际文化出版公司

·北京·

图书在版编目（CIP）数据

当代海盗与中国海上通道安全 ／ 许可著．－北京：国际文化出版公司，2014.1
（国家安全知识简明读本）
ISBN 978-7-5125-0647-3

Ⅰ.①当⋯　Ⅱ.①许⋯　Ⅲ.①海盗-研究-东南亚②海上运输-交通运输安全-研究-中国　Ⅳ.①D733.088②U698

中国版本图书馆CIP数据核字（2014）第012751号

国家安全知识简明读本·当代海盗与中国海上通道安全

作　　者	许　可
责任编辑	潘建农
特约策划	马燕冰
统筹监制	葛宏峰　刘　毅　徐　峰
策划编辑	刘露芳
美术编辑	秦　宇
出版发行	国际文化出版公司
经　　销	国文润华文化传媒（北京）有限责任公司
印　　刷	河北锐文印刷有限公司
开　　本	700毫米×1000毫米　　　　16开
	9印张　　　　　　　　　　131千字
版　　次	2014年9月第1版
	2018年12月第2次印刷
书　　号	ISBN 978-7-5125-0647-3
定　　价	29.80元

国际文化出版公司
北京朝阳区东土城路乙9号　　邮编：100013
总编室：（010）64271551　　传真：（010）64271578
销售热线：（010）64271187
传真：（010）64271187-800
E-mail：icpc@95777.sina.net
http://www.sinoread.com

目　录

第一章　导论

国际商会下属的国际海事局海盗报告中心将海盗定义为"登临任何船只，企图偷窃或犯其他罪行，有意图和能力使用暴力的犯罪行为"。2005 年至今,印度洋西岸、索马里沿岸和亚丁湾地区成为海盗猖獗地区。

第一节 海盗与海上交通要道

印度洋连接四大洲和两大洋，是海上交通的重要通道，自古以来就是海盗出没的地区。从 16 世纪开始，欧洲航海家开辟了从欧洲经大西洋，绕过好望角，横渡印度洋到亚洲的新航路。西方殖民者葡萄牙、西班牙、荷兰和英国相继进入印度洋，占领印度洋沿岸以及东南亚的重要港口，与中国开展海上贸易。西方殖民者组织远征军，采取海盗手段，抢夺商船、袭击印度洋沿岸地区、掠夺人口、贩卖奴隶等。经过几个世纪的殖民扩张，西方殖民者在印度洋沿岸建立了殖民政权，控制了欧洲和中国海上贸易通道，赚取了巨额的利润。[1]

西方殖民者残酷的掠夺与剥削，损害了印度洋沿岸土著的利益，迫使土著势力使用暴力来捍卫自己的传统海上利益。1717 年，大英帝国将破坏其在亚洲贸易的土著势力，称为海盗（Piracy），当时"海盗"一词带有强烈的殖民主义偏见。[2] 从 18—19 世纪，随着东西方海上贸易不断发展，海上交通运输的贵重商品，成了沿海土著觊觎的目标，东南亚地区出现了大批以掳掠为生的职业海盗团伙，如伊朗努（Iranun）和巴朗吉吉（Balangingi）海盗集团，东南亚地区进入了历史上海盗最猖獗的时期。[3] 西班牙、荷兰和英国殖民者使用先进的火器和蒸汽船，联手打击东南亚海盗，以打击海盗的名义进行殖民扩张，巩固在东南亚的殖民统治基础。经过近百年的努力，直到 20 世纪初，大规模海盗活动已经平息。[4]

从 20 世纪 70 年代起，海盗在印度洋东岸即东南亚地区死灰复燃，海

---

[1] Charles Corn, The Scents of Eden: a Narrative of the Spice Trade, New York: Kodansha International, 1998, xxii.

[2] Alfred P. Rubin, The Law of Piracy, 2nd ed. Irvington-on-Hudson, New York: Transnational Publishers, 1998, p.241.

[3] Nicholas Tarling, Piracy and Politics in the Malay World: A Study of British Imperialism in Nineteenth-Century Southeast Asia, Singapore: D. Moore, 1963, p. 2.

[4] Eric Tagliacozzo, Secret Trades, Porous Borders: Smuggling and States along a Southeast Asian Frontier, 1865-1915 (New Haven & London: Yale University Press), p.115.

盗问题再次引起人们的关注。20世纪70年代到80年代末，印度洋东岸的海盗以泰国海盗袭击泰国湾越南船民为特征。20世纪90年代到2001年"9·11"事件前，马六甲海峡和南中国海地区的海盗，以"幽灵船"作案方式为特征，即海盗劫持商船，倒卖船上的货物，改变商船的外观，重新注册成为一艘"幽灵船"，利用这艘"幽灵船"从事海上走私、偷渡和贩毒等犯罪活动。"9·11"事件之后到2005年，打击海盗成为国际打击海事恐怖主义活动的重要内容，东南亚海盗得到了有效的遏制。2005年至今，印度洋西岸、索马里沿岸和亚丁湾地区成为海盗猖獗地区，索马里海盗以抢夺船只索取巨额赎金为特征。

第二节　当代海盗的定义

当代海盗的定义，在《联合国海洋法公约（1982）》第101条中有明确规定："下列行为中的任何行为构成海盗行为：(a)私人船舶或私人飞机的船员、机组成员或乘客为私人目的，对下列对象所从事的任何非法的暴力或扣留行为，或任何掠夺行为：(1)在公海上对另一船舶或飞机，或对另一船舶或飞机上的人或财物；(2)在任何国家管辖范围以外的地方对船舶、飞机、人或财物；(b)明知船舶或飞机成为海盗船舶或飞机的事实，而自愿参加其活动的任何行为；(c)教唆或故意便利(a)或(b)项所述行为的任何行为。"[1]

根据《联合国海洋法公约》，非法暴力行为、扣留和掠夺行为，必须发生在公海上，或在任何国家管辖范围以外的地方。因此，在领海、港口和锚地实施的暴力抢劫等不法行为，不能称为海盗行为，只能称为"海上武装抢劫"（Armed Robbery against Ships）。联合国海事组织（International Maritime Organization，IMO）对"海上武装抢劫"的定义是："在一国管辖

---

[1] 联合国，《联合国海洋法公约》，http://www.un.org/chinese/law/sea/#article101，英语版参见：International Seabed Authority. The Law of the Sea: Compendium of Basic Documents, Caribbean Law Publishing, 2001, p.39.

的区域内，针对船只、船员和船上财产的任何非法的暴力行为、扣留和掠夺行为。"[1]

鉴于当代大多数海上不法行为发生在领海、港口和锚地。国际商会下属的国际海事局海盗报告中心（International Chamber of Commerce, International Maritime Bureau, Piracy Reporting Centre）将海盗定义为"登临任何船只，企图偷窃或犯其他罪行，有意图和能力使用暴力的犯罪行为"。这个定义包含了海盗在领海、港口和锚地的武装攻击，即包括国际法上的海盗行为和海上武装抢劫。[2] 本文为了行文方便，使用此广义的定义。

第三节　文献回顾

有关当代海盗的研究，国外学术界起步较早。西方学者很早就开始对《联合国海洋法公约（1982 年）》、《制止危及海上航行安全非法行为公约（1988 年）》和《制止危及大陆架固定平台安全非法行为议定书（1988 年）》中的涉及海盗问题的条款进行阐释，主要的学者有 Dubner（1979）、Rubin (1998)、Zou (1998、2000、2005)、Batongbacal（2001）、Beckman (2002)、Batman (2002)、Mo (2002)、Jesus (2003)、Djalal (2004)、Todd(2010) 等等。

2008 年，联合国安理会通过了有关打击索马里海盗的第 1814(2008) 号、第 1816(2008) 号决议、第 1838(2008) 号决议、第 1844(2008) 号决议、第 1846(2008) 号决议以及 1851(2008) 号决议，为国际打击海盗提供了新的国际法律依据，最近出版的 Geib & Petrig（2011）和 Kraska (2011)、Cartner & Fiske (2011) 的论著中，深入讨论了这些新法律的适用问题。

西方学者也从政治学、社会学、历史学等各个方面，探索当代海盗产生的根源、发展趋势以及打击海盗的国际合作等问题，如 Chalk (1997)、Abbot & Renwick (1999)、Gottschalk & Flanagan（2000）、Emmfers（2003）、

---

[1] IMO, "Draft Code of practice for the Investigation of Crimes of Piracy and Armed Robbery against Ships (MSC/Cir.984)", Article 2.2. http://www.imo.org.

[2] ICC–IMB, Piracy Report 1992, Kuala Lumpur: ICC International Maritime Bureau, 1993, p.2.

Young & Valencia (2003),Bradford (2004)、Davis (2004)、Eklof (2006)、Antony (2007，2010)、Batman (2010)、Liss (2010)、Colas & Mabee (2010) Elleman、Forbes and Rosenberg (2010)、Murphy (2010、2011)，等等。

近年来，中国学术期刊也刊登了大量有关海盗的论文，比较有代表性的有许可（2002,2009），王秋玲 (2006)，王健、戴铁尘（2006），邢成（2009），蔡高强、胡斌（2010），刘景升、邵国余（2010），王猛（2010），薛力（2011），等等，这些论文也是主要从法律和国际政治的角度对海盗进行研究。

有关中国印度洋战略方面的研究,比较有影响的是美国 Pehrson（2006）有关中国"珍珠链战略"的论述、Rumley, Chaturvedi, Yasin（2007）编辑的有关印度洋航道安全的论文集、Kaplan (2010) 对中国印度洋战略的臆测，以及印度学者 Sakhuja (2011) 对中国、印度和东南亚的海洋战略等论述。国内学者王新龙（2004），李兵（2006），王德华（2008），宋志辉（2008），马加力、徐俊（2009），宋德星、白俊 (2009),刘新华 (2010) 等人，从各方面对中国印度洋战略进行分析，但是，国内外学术界探讨中国打击印度洋海盗与印度洋战略联系的文章还很少见，这也正是本书要深入研究的。

海盗研究的第一手资料，是海盗的口供、受害人证词、警方的调查报告、法院判决书，等等。但是，大多数当代海盗研究学者，难以获得全面、完整的海盗第一手资料，学者一般利用国际组织公开发表的海盗报告进行海盗研究。这些海盗报告虽然是第二手资料，但对了解海盗的总体情况和变化规律还是很有帮助的。

目前，汇编和发表时间序列的海盗报告的国际机构，主要有：国际商会下属的国际海事局海盗报告中心（IMB Piracy Reporting Centre），国际海事组织海事安全委员会 (Maritime Safety Committee，International Maritime Organization)，根据"ReCAAP 协定"成立的"信息分享中心"（Information Sharing Centre）。

1992 年，国际商会在马来西亚首都吉隆坡成立了"国际海事局地区海盗中心"（IMB Regional Piracy Centre),收集世界商船被海盗袭击的数据。

"国际海事局地区海盗中心"是由船东协会和保险公司赞助的非政府组织，接受世界范围内商船或船舶公司有关海盗和海上武装抢劫报案。"国际海事局地区海盗中心"通过广播或其他通信方式，向船舶、港口监督部门和海上执法部门，发布海盗和海上武装抢劫的警告；汇编和分析海盗和海上武装抢劫数据，提交相关数据给联合国海事组织；帮助受害船舶保全证据和处理善后工作；出版海盗和海上武装抢劫报告的背景资料、防范措施、打击海盗相关建议报告，等等。[1]

1993年，"国际海事局地区海盗中心"首次发表了《海盗年度报告（1992年）》，记录了全球海盗袭击的数字、地点和时间等情况。从此，"国际海事局地区海盗中心"每年3月左右，发表上一年度的年度海盗报告。1994年的海盗年度报告，增加了受害船只的船名、船籍国、船的种类、袭击的地点的经纬度，以及案发地的分布地图等。[2] 1996年的海盗年度报告，对每个海盗案件做了简要的描述，并增加了海盗案件发展趋势的分析。1997年出版的海盗年度报告，将海盗案件分类，如分为"袭击的种类"（types of attacks）、"使用的武器"（types of weapons used by the pirates）、"对船员的暴力类型"（types of violence to crew），等等。[3]

1998年，"国际海事局地区海盗中心"更名为"国际海事局海盗报告中心"（IMB Piracy Reporting Centre）。"国际海事局海盗报告中心"的海盗报告，引起了国际海运界的关注。国际海运界抱怨，海盗报告中没有区分未遂的案件和已经发生的案件，误传海盗案件的数量增多的信息，造成船舶的保险费提高。[4] 因此，国际海事局在1999年的报告中，首次将未遂案件和已发生的案件分别列出。海盗报告正名为"海盗和海上武装抢劫报告"（Piracy and Armed Robbery against Ships），名称沿用至今。[5] 2000年，

---

[1] IMB, Piracy Report 1992, p.5.

[2] ICC-IMB, Piracy Report (1 January-31st December 1993,Kuala Lumpur: ICC International Maritime Bureau, Regional Piracy Centre, 1994.

[3] ICC-IMB, Piracy and Armed Robbery against Ships: Annual Report,1 January‐31 December,1997).

[4] ICC-IMB, Piracy and Armed Robbery against Ships: Annual Report,1 January‐31 December,1996,p. 4.

[5] ICC-IMB, Piracy and Armed Robbery against Ships: Annual Report ,1 January‐31 December,1999,p. 11.

海盗报告增加了"警告"（Warning）一栏，通告海盗出没危险海域，提醒过往船只注意安全。

由于"国际海事局海盗报告中心"是非政府机构，无行政执法权，无法进一步调查海盗案件，资料难免出现错误。虽然如此，"国际海事局海盗报告中心"的海盗报告，是目前最全面和最详细的时间序列海盗报告，该报告公开出版，比较容易取得，是当代海盗研究者的主要资料来源。

1995 年 7 月 31 日起，海事安全委员会每季度发表《海盗和海上武装抢劫报告》（Reports on Acts of Piracy and Armed Robbery against Ships）。1996 年，在海事安全委员会 66 次会议上，决定于每年 3 月，发表上一年度的海盗和海上武装抢劫的年度报告。海事安全委员会汇编的海盗数据追溯到 1984 年。[1]

2006 年 11 月 29 日，根据《亚洲地区打击海盗和海上武装抢劫区域合作协定》（Regional Cooperation Agreement on Combating Piracy and Armed Robbery against Ships in Asia,ReCAAP），简称为《ReCAAP 协定》，在新加坡成立"信息分享中心"（Information Sharing Centre），旨在便利成员国交换有关海盗和海上武装抢劫的信息，推动成员国在操作层面上的合作研究海盗和海上武装抢劫的特点和发展趋势，帮助成员国进行能力建设等。[2]

根据协定，各成员国在国内成立联络点（Focal Point），负责与"信息分享中心"联系。"信息分享中心"根据联络点呈报上的海盗和海上武装抢劫的信息，汇编海盗报告。中国有两个联络点，分别在北京和香港。信息分享中心的海盗报告，仅涵盖亚洲地区 16 个成员国附近海域海盗和海上武装抢劫的现状。[3]

《世界范围内对船舶威胁的报告》由美国海军情报部（US Office of Naval Intelligence, ONI）每周发布，这些报告是"美国国家地理空间情报机构，有关对船舶的袭击活动的信息数据库"（US National Geospatial

---

[1] www.imo.org.

[2] Recaap, ReCaap and ISC, http://www.recaap.org./index_home.html.

[3] http://www.recaap.org.

Intelligence Agency Anti-shipping Activity Message data，简称 NGA-ASAM）的组成部分。

此外，欧盟海军在索马里"亚特兰大"行动的网站，也发表有关打击索马里海盗的信息。[1]

第四节　本书概要

印度洋是中国重要的海上能源与物资通道，印度洋周边地区是中国的海外利益所在，保卫印度洋海上通道安全是中国未来和平与发展的关键。本书以研究中国打击印度洋海盗为切入点，探讨中国的海上通道安全问题。

全书分为九章。第一章，导论。内容包括当代海盗的定义、数据来源等。第二章，印度洋中部、东岸海盗的发展，海盗猖獗的根源等。第三章，印度洋西岸、索马里海盗问题。第四章，海事恐怖主义与海盗的区别与联系。第五章，打击海盗的国际合作行动。第六章，海盗的国际合作行动存在的问题。第七章，当代中国打击海盗的历史回顾。第八章，海盗与中国海上通道安全问题。第九章，结论。

---

[1] 欧盟海军索马里"亚特兰大"行动（EU NAVFOR Somali）的网址：www.eunavfor.eu。

第二章　印度洋中部和东岸海盗

　　印度洋中部海盗为孟加拉湾一带南亚海盗，印度洋东岸的海盗为东南亚和马六甲海峡地区的海盗。南亚海盗袭击的主要目标是拖网渔船。海盗抢夺船上的现金、渔获、渔具和引擎等，销赃获利。印尼附近海域是海盗和海上武装抢劫案件最猖獗的地区，部分原因在于印尼海盗和腐败的印尼执法人员互相勾结，海盗有恃无恐。

第一节 南亚海盗

印度洋中部海盗为孟加拉湾一带南亚海盗，印度洋东岸的海盗为东南亚和马六甲海峡地区的海盗。渔业是孟加拉国的重要生产部门。据估计，在孟加拉湾沿岸大约有 57 万人从事专职的捕鱼工作，此外，还有 119.6 万人兼职参与捕鱼活动。南亚海盗袭击的主要目标是拖网渔船。海盗抢夺船上的现金、渔获、渔具和引擎等，销赃获利。渔船上的渔具价值不菲，如一张拖网价值在 7000 美元以上。大部分渔民靠贷款购买渔具，一旦失去了渔具，不仅无法还贷，连生计也受到严重影响，许多受害的渔民不得不再次举债，有些甚至铤而走险，抢劫外国渔船来解决债务问题。[1]

2001 年 1 月 23 日，在孟加拉湾蒙哥纳河（Meghna River）附近海面作业的 8 艘拖网渔船，遭遇 15 名海盗抢劫，海盗绑架了 3 名渔民，抢走了 1 万美元现金。2001 年 1 月 25 日，25 名海盗袭击了正在孟加拉湾库勒那（Khulna）捕鱼作业的拖网渔船，海盗劫持了 3 艘拖网渔船，抢劫了 8000 美元现金，绑架了 8 名渔民，并向渔民家属索取 1.3 万美元的赎金。[2]

据调查，孟加拉湾附近海域由"哈扎里帮"（Hazari）、"库拉纳帮"（Khulna）、"贾汉基里帮"（Jahangir）、"查尔加鲁地恩帮"（Char Jahiruddin）和道拉汗帮（Daulatkhan）等海盗帮派控制。这些帮派各自有管控的码头和海域，海盗袭击过往渔船或是向渔船收保护费，一艘渔船的保护年费约 878 美元。[3]

孟加拉湾的海盗团伙时常发生火并事件。2002 年 9 月 13 日，两伙海盗约 30 人在库土比亚岛（Kutubia）附近袭击同一艘运盐船。两伙海盗为

[1] Carolin Liss , Oceans of Crime: Maritime Piracy and Transnational Security in Southeast Asia and Bangladesh., Singapore: Institute of Southeast Asian Studies, 2011, p.67.

[2] ICC–IMB, Piracy and Armed Robbery against Ships: Annual Report ,1 January— 31 December 2001 , IMB 2002,p.41.

[3] Auisur Rahman, Have a Card and Rest Assured, Holiday, 11 July 2003. http://www.weeklyholiday. net/110703/count.html.

了争夺猎物大打出手，10 名海盗死于火并，7 名船员弃船游到岸上报警。警察扣押了该船，但其他海盗已经逃遁了。[1]

第二节　越南船民与泰国海盗

一、越南船民

1961 年，越南战争爆发。越战初期，美军试图速战速决，不料遇到北越和越共军队的顽强抵抗，美军伤亡惨重，陷于越战的泥潭。美国尼克松总统执政时期，迫于国内反战浪潮的压力，美军决定逐步撤出越南。1973 年 1 月 27 日，美国、北越、越南南方共和临时革命政府、南越西贡政权在巴黎举行了关于越南问题的巴黎会议，签订了《关于在越南结束战争、恢复和平的协定》，随后两个月内，美军全部撤出越南。

1975 年 4 月 30 日，北越军和南越共军攻克南越首都西贡。1976 年 1 月 2 日，北越军和南越共军统一了越南全境，国名改为越南社会主义共和国，西贡更名为胡志明市。西贡陷落前夕，美国帮助南越政府疏散和安置了大约 14 万亲美的越南人到美国定居。大约有 150 万南越人，担心被越南共产党政权迫害，1975 年起到 90 年代初，搭乘简易的帆船或渔船，从海路逃往东南亚国家避难，这些人被称为越南船民。这些手无寸铁的船民，成了泰国海盗的袭击目标。[2]

二、泰国海盗

1975—1978 年期间，大多数攻击越南船民的海盗属于渔民海盗。

---

[1] ICC–IMB, Piracy and Armed Robbery against Ships: Annual Report , 1 January– 31 December 2002 , IMB 2003,p.20.

[2] UNHCR,The State of the World's Refugees 2000: Fifty years of humanitarian action ,（Oxford : Oxford University Press）,2001, p.82.

1978 年，南越前司法部长 Truong Nhu Tang 乘难民船逃离越南，在泰国湾遭遇泰国海盗的袭击。他回忆了当时遭遇海盗的情景：有 20 名左右的泰国渔民，手持长刀、斧头、锤子等武器，但没有带枪，登上了我们的小船。看他们单纯的脸，不像是坏人。他们是所谓的渔民海盗，不是恐怖的职业海盗。许多泰国渔民抢夺路过的越南船民来补贴家用。越南船民碰到这种渔民海盗，一般不会遭受残忍对待或是被强奸。泰国海盗将我们围在甲板上，抢走所有的钱、珠宝首饰，甚至看上眼的衬衫。他们还抢走了我们的罗盘和望远镜。但是，海盗留下了食物和水，向我们指示了航道的方向，然后扬长而去。事后，我们称他们为有尊严的海盗。[1] 据估计，大约 300 艘泰国渔船，即泰国全部渔船的 2%，参与抢夺越南难民船的活动。[2]

从 1979 年起，泰国湾出现大量凶残的职业海盗。这些海盗一般 10~12 人一伙，手持刀枪，抢劫船民财物，破坏难民船。遇见越南妇女，就劫持到海盗船上强奸，遇到漂亮的越南船民就将她们拐卖到妓院。经过泰国湾的越南难民船，大都遭受泰国海盗多次抢劫。美国非政府组织"船民紧急呼叫"（Boat People S.O.S），记录了一艘装载 42 名难民船海上的悲惨遭遇：

1980 年 3 月 22 日下午 3 点，一艘越南难民帆船受到一艘泰国海盗船袭击，海盗抢走了所有的财物，毁坏船上的马达之后离去。难民船在海上漂流，翌日又遭遇了另一伙海盗的攻击。下午，难民船遭遇第三批海盗袭击。这次攻击是由两艘海盗船发动的，当时，越南难民船上的三名壮硕的男青年正在升帆，海盗突然向他们开枪射击，Nguyen Van V 和 Ngu Ngoc Ly 中弹倒下，海盗跳上帆船，将他们扔到海里。两位落水船民试图游回帆船，被海盗打到海里去。剩下的船民，被海盗驱赶到海盗船上。男船民被赶到冰舱里，女船民被强奸。事后，海盗将这些人赶回原来的帆船上后离开。

---

[1] Truong Nhu Tang, A Vietcong Memoir, New York: Vintage Books, 1986, 304–305.

[2] Committee on Foreign Affairs, House of Representatives, Hearing before the Subcommittee on Asian and Pacific Affairs of the Committee on Foreign Affairs, House of Representatives, Ninety–seventy Congress, Second Session, April 29, 1982 (Washington, D.C.:US. Government Printing Office, 1982), p.62.

越南难民的帆船，由于引擎被毁，只能继续在海上漂流。很快，船上的食品和水用光了。3月24日，越南帆船又遇见一艘海盗船，船上妇女惊恐万分，在脸上和身上涂上黏稠的油，希望海盗生厌而保全自己，海盗还是丧心病狂地强奸了她们。最后，海盗将两名女孩Nguyen Thi A.（16岁），Le Thi Y（18）岁拐走。[1]

据联合国难民署的统计，1981年遭到袭击的1122艘越南难民船中，平均每艘船遭到3.3次海盗袭击。454名越南船民被杀害，571名妇女被强奸，228名妇女被拐卖。这个统计数据来源于幸存的船民，实际数字远高于此。特别是妇女被强奸的数字，要远高于此统计数据，许多受害者因为羞愤没有申报。[2]

三、海盗的巢穴

许多越南船民被泰国海盗带到泰国南部的廓库拉（Koh Kra）荒岛上。海盗上岛的主要目的是强奸妇女，除了发泄兽欲之外，还当众羞辱她们以消除其羞耻心，以便在日后卖到妓院卖淫。欧洲人道主义的调查报告显示，80年代中期有大量从廓库拉岛辗转来的越南难民被拐卖到曼谷妓院卖淫。[3] 廓库拉岛上像是人间地狱，不同海盗帮派为贵重物品和女人大打出手，海盗在沙滩上，当众强奸妇女。成千海盗乘船涌进岛上，每天重复强奸女人、折磨男人的野蛮游戏。[4]

[1] Nhat Tien, Duong Phuc and Vu Thanh Thuy, Pirates on the Gulf of Siam; Report from the Vietnamese Boat People Living in the Refugee Camp in Songkhla–Thailand, 2nd Edition, San Diego, CA: Boat People S.O.S Committee, 32–33.

[2] Eric Ellen, Piracy at Sea（Paris: ICC Publishing）p. 282.

[3] Boulanger, Pascal, The Gulf of Thailand, in Eric Ellen (ed). Piracy at Sea（Paris: ICC Publishing）, pp. 83–96.

[4] Nhat Tien, Duong Phuc and Vu Thanh Thuy:Pirates on the Gulf of Siam: Report from the Vietnamese Boat People Living in the Refugee Camp in Songkhla–Thailand, 2nd Edition（San Diego, CA: Boat People S.O.S Committee）, p.34.

四、国际打击泰国海盗的行动

越南难民在廓库拉岛的悲惨遭遇，引起了国际的关注。联合国难民署在泰国警方的帮助下，开展了对越南难民的营救行动。1979 年年底到 1982 年 1 月，联合国难民署救出了 1250 名越南难民。[1] 但是，泰国湾对越南船民的海盗袭击仍然没有停止。泰国官方解释是，泰国海军没有足够的巡逻艇执行打击海盗的任务，有些分析家指出，泰国政府有意纵容泰国海盗袭击越南船民，借以遏制大量越南船民涌入泰国寻求避难场所。事实上，泰国海盗残忍的行为，的确抑制了前往泰国的越南船民的数量。1981 年到 1982 年，到达泰国的越南船民的数量，从 1.5 万人下降到 6000 人。[2]

1981 年 2 月到 9 月，美国和泰国政府开展了第一轮美泰联合打击海盗行动，美国政府为联合行动提供 200 万美元的经费，泰国海军租用了两架空中侦察机和一艘海警快艇用于打击泰国湾的海盗。泰国海军在打击海盗的行动中，逮捕了 25 名海盗，扣押了 5 艘海盗船。打击海盗的经费很快告罄。[3]1982 年，在联合国难民署的协调下，美国捐助 200 万美元，澳大利亚、加拿大、丹麦、法国、德国、意大利、日本、荷兰、挪威、瑞士和英国等 12 国共援助 170 万美元，作为泰国第二轮打击海盗的经费。

1982 年 6 月，泰国开始了第二轮打击海盗的行动。泰国动用了 3 艘巡逻艇、3 艘后勤保障拖船和 3 艘海盗"诱饵"的小船。打击海盗的特别行动队从泰国皇家海军、海警队、空军以及地勤等部门，抽调了 130 名官兵参加行动。陆地上的情报机构以及渔政部门，也配合行动小组甄别海盗船只。泰国海警的巡逻范围，西起泰国大陆架，南达马来西亚边界，北到泰国和越南海上边界的中线，涵盖约 1.8 万平方海里的海域。泰国政府

---

[1] Robinson, W. Courland, Terms of Refuge: The Indochinese Exodus and the International Response (London and New York: Zen Books,1998）, p.61.

[2] Stefan Eklof, Pirates in Paradise: A Modern History of Southeast Asia's Maritime Marauders,（Denmark: Nordic Institute of Asian Studies, 2006）,p.27.

[3] U.S. Committee for Refugees, Vietnamese Boat People: Pirates' Vulnerable Prey (U.S. Committee for Refugees, 1984), p.8.

摧毁了海盗在廓库拉岛的巢穴，在岛上布署了打击海盗的哨所，防止海盗继续以该岛为中转基地。[1]

泰国打击海盗的行动，取得了明显的效果。泰国海军频繁地巡逻，海盗在海上作案被逮捕的风险提高了，伺机作案的渔民海盗大大减少了。与此同时，泰国政府对落网的海盗处以重刑。例如，1980 年 6 月，泰国法院在帕潘囊（Pakpanang）以抢劫罪和强奸罪判处 7 名泰国海盗 8 ~ 24 年不等的监禁。泰国湾的海盗袭击案件逐年减少，1981 年泰国海盗案件共有 1122 件，1982 年减少到 373 件。[2]

泰国湾的海盗案件虽然减少了，但是，死于海盗攻击的越南难民人数却大幅度增加。因为许多海盗为了避免事后被受害者指认而受到法律制裁，作案后杀人灭口。据联合国难民署的报告，1988 年有 500 名船民被杀害或失踪。1989 年此数字增加到 750 名。进入 90 年代，由于越南难民出逃数量逐年减少，泰国海盗袭击案件也随之减少。1991 年，联合国难民署中止了打击海盗的行动。[3]

第三节 "幽灵船"

20 世纪 90 年代，泰国湾的海盗案件逐渐平息，马六甲海峡和南中国海地区成了海盗活跃的地区。马六甲海峡和南中国海地区的海盗，比较突出的是"幽灵船"方式的海盗袭击。[4] "幽灵船"的犯罪方式，一般由跨国海盗犯罪集团来实施。跨国犯罪集团通过遍布世界港口的情报网，搜集货轮及其装载货物的信息，确定袭击的目标，然后派遣海盗在海上劫持货

[1] Joachim Henkel, Refugees on the High Seas: A Dangerous Passage, in Eric Ellen (ed.) Piracy at Sea, Paris: ICC Publishing, p.108.

[2] Pascal Boulanger, The Gulf of Thailand, in Eric Ellen(ed.). Piracy at Sea (Paris: ICC Publishing, pp.83-96.

[3] UNHCR，The State of World's Refugees: Fifty years of Humanitarian Action (London: Oxford University Press) p.87

[4] Eric Ellen, ed., Piracy at Sea, (International Maritime Bureau of the ICC, Paris: ICC Publishing SA, 1989), pp. 241-272.

轮，转手倒卖船上的货物，改变货船的外观和船名，重新注册，更名后的船被称为"幽灵船"（Phantom Ship）。犯罪分子将"幽灵船"用于其他海上犯罪形式，如海运欺诈、走私、贩毒等。据估计，一艘抢夺来的"幽灵船"能给犯罪集团带来 4000~5000 万美元的收益。[1]

根据国际海事局的报告，20 世纪 90 年代末，发生在马六甲海峡附近的"幽灵船"案件，是由 5 个跨国海盗团伙策划的，这些跨国犯罪集团的网络遍布于印尼、马来西亚、新加坡、菲律宾、台湾地区、中国大陆和香港地区。例如，1998 年 11 月 20 日，印尼情报组织（Guskamar Armabar）在新加坡附近的印尼巴淡岛（Batam），抓获一名化名为"王先生"的海盗头子。根据"王先生"的供述，他的老板是中国香港商人，其他同伙分别在马来西亚和台北。该犯罪团伙在作案前，先在目标船上安插线人，了解船上的货物情况。然后在海上发动袭击，劫持船只，将货物运往中国大陆销赃，对劫来的船进行改装，改变船名、外观等，重新注册，用于其他不法活动。[2]

第四节　马六甲海峡海盗

马六甲海峡地区的海盗，大多数来自马六甲海峡沿岸的渔村。有些渔民在捕鱼之余，相机作案。这些海盗手持刀斧等武器，袭击停泊在港口和锚地的商船，涉案金额一般在 1.5 万美元以下。以下是一起典型案件：

1997 年 8 月 30 日，一艘吨位 29998 吨、利比亚国籍、MV PETROBULK RACER 号油轮停泊在印尼丹绒普利奥克港（Tanjung Priok）外的锚地等待靠泊指令。

凌晨时分，值班船员看见水上有一艘小艇靠近船舷，船员上前用信号灯照射小艇，未见异常情况。凌晨 2：35 分，有一名海盗撬开船引擎控制室，

[1] Economist, South Sea Piracy: Dead Men Tell no Tales, Economist 353, No.8150 (1999): 87-89.

[2] ICC-IMB, Piracy and Armed Robbery against Ships Annual Report, 1 January-31 December, 1998, 19-20.

冲进三轮机手和加油工的房间。海盗手持匕首，顶住轮机手的前额，强迫他跪下。海盗用尼龙绳将轮机手和加油工绑起来，命令他们蹲在引擎控制台的后面。

此时，值班的船员在甲板上发现了5名海盗，他马上用对讲机通知在船尾值班的二副。二副收到报告时，发现船尾的甲板上也爬上了3名海盗。二副冲进地图室拉响了警报。海盗听见警报，放弃了抢劫行动，翻身跳入海里，爬上了两艘接应的小艇逃逸。事后，船员在引擎舱里发现了被捆绑着的轮机手和加油工。海盗只抢走了一台手提电脑。[1]

据印尼海警的情报，有多个海盗团伙在马六甲海峡海域活动。2002年，印尼海警在印尼巴淡岛逮捕了一个6人海盗团伙。海盗们持刀寻找开往新加坡的船只下手，抢夺船上的贵重物品和船长的保险箱里的财物。[2]

2003年，印尼警方在巨港（Palembang）和南苏门答腊岛的邦卡海峡（Bangka Strait）附近也破获多个海盗团伙，这些海盗一共作案8起。海盗使用快艇袭击、登临在领海内或是在公海中行驶的船只。海盗的目标，不限于抢夺船上的现金和贵重物品，还抢夺船上的货物。海盗一般先得到线报，得知某船装载有利可图的货物，然后策划海上抢劫。[3]

第五节　海盗的武器和设备

海盗使用的武器有匕首、砍刀、斧头、手枪、自动武器甚至火箭榴弹发射器（Rocket-Propelled Grenade）等轻武器。这些轻武器大多数来自东南亚地区的轻武器走私网络。[4]东南亚国家地形复杂，拥有漫长曲折的国

---

[1] ICC-IMB, Piracy and Armed Robbery against Ships Annual Report: A Special Report, 23-24.

[2] Edy Budiyarso, Arif Ardinansya, and Rumbadi Dalle ,Hikayat Kapten Hook Di Selat Malaka, Tempo, No. 4 July,2004.

[3] ICC-IMB, Piracy and Armed Robbery against Ships Annual Report, (1 January - 31 December 2001), p. 28.

[4] David H. Capie, Small Arms Production and Transfers in Southeast Asia, Canberra Papers on Strategy and Defence, No.146. (Canberra: Australian National University Strategic and Defence Studies Centre, 2002).

境线和海岸线，有利于不法分子走私各种物品。武器走私早在19世纪的殖民地时期就非常普遍，直到当代还是个棘手的问题。

柬埔寨是东南亚军火走私黑市的主要供应地。柬埔寨由于长期的战乱，轻武器流落在民间，这些轻武器通过走私网络流向印尼、马来西亚和菲律宾等国。有一部分轻武器从中国、越南、缅甸等地，通过走私网络进入东南亚地区。在东南亚的黑市，轻武器易于购买，而且价格便宜，甚至可以租用，大大降低了海盗的袭击成本。如一支AK-47冲锋枪售价约400~500美元，但如果租用只要100美元左右。据报道，一些腐败的印尼海军和警察参与这些非法勾当。[1]

除了武器之外，海盗的装备还有快艇和通信器材等。海盗发起进攻时，会在船尾原有推进器两侧，临时加挂2~3个推进器，时速可以高达40~60节。海盗袭击的目标船，一般时速在20节左右，无法逃脱海盗的袭击。海盗逃逸时，一般海上执法部门的快艇，追不上这种改装的快艇。20世纪90年代开始，手机、电台、手持卫星定位系统、雷达等现代通信器材成了海盗的重要装备。海盗一般会在港口和目标船上安插内线，利用通信设备联络和寻找目标船。海盗有了先进的设备，袭击的成功率大大提高，得手后撤退非常迅速，执法人员很难当场逮捕海盗。[2]

此外，海盗还会利用船只作为操作平台。1998年11月20日，印尼情报部门在巴淡岛破获了一个国际海盗团伙，该团伙利用一艘排水量399吨的MT Pulau MAS为犯罪平台，变造劫持来的船只。印尼警方从船上搜出其他作案工具："砍刀15支，面罩14套，刀具3支，移民章1枚，日历章8枚，船公司章8枚，各种颜色的油漆12箱。"[3]

[1] Landry Haryo Subianto, Small Arms Problems in Southeast Asia: An Indonesian Case, in Small Is (Not) Beautiful: The Problem of Small Arms in Southeast Asia, ed. Phillps Jusario Vermonte (Jakarta: Centre for Strategic and International Studies 2004).

[2] Keith Bradsher, Threats and Responses: Seaborne Trade; Warnings from Al Qaeda Stir Fear That Terrorists May Attack Oil Tankers, New York Times, 12 December 2002.

[3] IMB, Piracy and Armed Robbery against Ships Annual Report (Jan 1–Dec. 31 1998), IMB, p.19.

第六节　海盗猖獗的根源

从 20 世纪 90 年代开始，马六甲海峡海上交通日益繁忙，过往船舶排放了大量污染物，破坏了当地渔场的生态环境，环境污染日益严重。马六甲海峡附近海域是印尼和马来西亚的传统渔场，鱼类大幅减少。例如，巴拉湾（Belawan）地区的渔民，在 20 世纪 90 年代之前，每星期可以捕获 200 公斤左右的鱼，市值约 330 万印尼卢比（约 300 美元），扣除成本，每周可以赚取约 70 万卢比（约 70 美元）的收入；目前，每周的鱼获量仅为 70 公斤，市值为 50 万卢比（50 美元），但运营成本为 120 万卢比（约 120 美元），即使能全部卖掉也还亏本。[1]

此外，印尼海域的渔场还受到非法捕鱼的困扰。虽然印尼政府颁布法令禁止外国渔船在印尼海域捕鱼，但是每年大约有 3000 艘泰国的拖网渔船在印尼海域非法捕捞，印尼执法部门向非法捕鱼的渔船收受贿赂，任其非法捕捞。据估计，印尼每年损失约 12 亿美元的渔获。[2] 许多印尼渔民为生活所迫，铤而走险干起海盗行当。巴拉湾成了马六甲海峡海盗案件的重灾区，1992—2005 年，巴拉湾就发生了 82 起海上武装抢劫。[3]

新加坡附近的印尼巴淡岛是海盗活跃的地区。20 世纪 90 年代，印尼、新加坡和马来西亚，提出了"新加坡—柔佛—巴淡成长三角"的概念，试图将巴淡发展成为制造业基地。大批的印尼青壮劳动力从印尼各地涌入巴淡岛打工。1997 年，亚洲遭遇金融危机，印尼受到严重打击，巴淡岛的大批工厂倒闭，工人失业，许多失业人员为了生计，加入了海盗行列。[4]

印尼附近海域是海盗和海上武装抢劫案件最猖獗的地区，部分原因在

---

[1] Anucha Charoenpo, Illegal Thai Fishing Robbed Indonesia Off Billions of Catches and Cash (Southeast Asian Press alliance, 2006 [cited 18 May 2006]), http://www.seapabkk.org/fellowships/2002/anucha.html.

[2] Ibid.

[3] IMB Annual Report 2005.

[4] Stefan Eklof, Pirates in Paradise (Copenhagen: NIAS, 2006), pp.52–56.

于印尼海盗和腐败的印尼执法人员互相勾结，海盗有恃无恐。印尼海上执法人员的薪金很低，通过各种办法从海上捞取外快，如查扣违章的外国渔船，然后索取赎金。印尼和马来西亚在马六甲海峡某些海域划界上存在分歧，印尼海上执法人员便利用职权，查扣前来捕鱼的马来西亚渔船，向船老大索要赎金。不给赎金，则没收渔船，将渔民逮捕入狱。船老大每艘渔船向印尼执法官员交纳 6 万马币左右的赎金，才能免受牢狱之灾。[1]

印尼执法人员还与海盗勾结，向过往的渔船收保护费。据报道，每艘渔船先要交纳约 3000 马币的入门费，然后每月每艘交纳 300~400 马币的保护费，以保证不被海盗袭击。在马六甲海峡从事捕鱼的约 200 多艘渔船，约有 80% 交纳了保护费。印尼海上执法人员对没有交保护费的船只，任其被海盗袭击。据报道，有一艘散装轮在都麦（Dumai）南部海域遭遇一股海盗袭击，海盗追逐散装船长达 20 分钟，情况十分紧急，船员用无线设备和信号灯向附近的印尼海军呼救，印尼海军不予理睬。[2] 印尼海军有时甚至实施海盗行为。例如，2004 年，一艘印尼海军巡逻艇 Kal Youtefa KAL–I–502 号在伊里安加雅省加雅普拉（Jayapura，Irian Jaya）拦截了一艘货轮。印尼海军巡逻艇向该船射击，命令其停下接受检查，查不出什么问题。印尼海军军官气急败坏，将船长和三副带到巡逻艇上殴打，要求船长缴付 5000 美元赎人。船长和海军军官讨价还价后，赎金减半，货船船长先被释回，三副则等到船长交清赎金后才得以脱身。[3]

---

[1]　J. N. Mak,Pirates, Renegades, and Fishermen: the Politics of "Sustainable" Piracy in the Straits of Malacca in Peter Lehr edited, Violence at Sea: Piracy in the Age of Global Terrorism, (London: Routledge , 2007), p.211.

[2]　Jamie Schutzer, Piracy in Indonesia, [2003(cited 18 March 2005)], available from http://www.sais–jhu.edu/bwelsh/JamiePolicyPaper.pdf.

[3]　Indonesian Navy in Piracy Claim (Maritime Global Net, 08 April 2004 [cited 18 March 2006]), available from http://www.mgn.com/news/dailystorydetails.cfm?storyid=4047&type=2.

第三章　印度洋西岸海盗

　　印度洋西岸的海盗指的是活动在索马里附近海域、亚丁湾和阿拉伯海的海盗。2005年以来，索马里附近海域和亚丁湾地区，海盗活动猖獗，引起国际社会的极大关注。

第一节　索马里海盗

一、劫持人质勒索巨额赎金

2005 年，索马里海域和亚丁湾共发生了 35 起海盗袭击案件，其中有 15 起是劫持人质勒索赎金案件。2006 年，索马里海盗案件总数下降到 10 起，但还有 5 起劫持案，2007 年共有 31 起海盗袭击案，其中 11 起为劫持人质案。2008 年，索马里海盗更加肆无忌惮，1 月到 9 月发生了 51 起海盗袭击案。其中有 26 起是劫持勒索赎金案，共有 137 名船员被劫为人质。[1] 2008 年全年的海盗案件为 134 起，2009 年剧增为 222 起，2010 年 169 起，2011 年为 160 起。海盗劫持的人质数量 2009 年为 1050 名，2010 年为 1174 名，2011 年为 802 名。船员的人身安全受到严重威胁。[2] 例如，2008 年 9 月 25 日，一艘名为"FAINA"号的乌克兰货船在驶向肯尼亚蒙巴萨港的途中，被一伙海盗劫持。"FAINA"号上装载了 33 辆苏制 T－72 式坦克，还有其他包括火箭发射器等武器。海盗要求 3500 万美元的赎金，不然人船俱毁。[3]

2008 年 11 月 15 日，沙特阿拉穆可石油公司（Saudi Oil Company Aramco）所属的悬挂巴拿马旗的"天狼星"（Sirius Star）号超级油轮在距离肯尼亚蒙巴萨东南方 500 海里处被索马里海盗劫持，"天狼星"长 330 米，载重达 31.8 万吨，装载市值 1 亿美元的 200 万桶原油。"天狼星"是目前被海盗劫持的吨位最大的超级油轮，船上共有 25 名船员。海盗将船劫持到索马里海域，与船东谈判有关赎金事宜。[4] 海盗向船东索要 2500 万美

[1] International Maritime Bureau, Piracy and Armed Robbery against Ships Report for the Period (1 January – 30 September 2008). pp.6–9.

[2] IMB, Piracy and Armed Robbery against Ships, Annual Report, 2005–2011. UK : ICC International Maritime Bureau.

[3] Jeffrey Gettleman, Q. & A with a Pirate: we just want the Money The New York Times, 28 September 2008.

[4] Reuters，Duai : Hijacking of Supertanker, the world has never seen anything like this, The Straits Times, November 19, Page A 4.

元的赎金，后来以 300 万美元成交。[1]

二、海盗组织的构成

索马里海盗团伙主要由召集人、资助人和海盗组成。召集人一般是索马里有地方势力、掌握海上情报的人，资助人则是海盗活动的投资方，负责提供作案工具，如船只、燃料、武器弹药、通信设备等。海盗一般是由召集人临时招募的渔民或是有军事经验的战斗人员。海盗成员分工合作，熟谙水性的渔民负责操控船只，有军事经验的人员负责发起进攻，此外，还有部分海盗成员在陆地接应。海盗收买陆地上长老和地方政府要员，为其在陆地的后勤提供保障，事后这些人参加分赃。海盗还会雇用熟悉金融运作的金融代理人，负责赎金谈判和资金转账等事宜。[2] 根据联合国安理会在索马里监控小组的报告，海盗获得的赎金，一般是按以下比例分配：海盗 30%，海盗的陆地同伙 10%，地方长老、高级官员和联系人 10%，金融代理人 20%，赞助人 30%。[3]

三、强大的火力

索马里海盗除了持有刀斧等传统凶器外，还拥有火力强大的武器，如AK-47 式突击步枪、M-76 步枪、RPG — 7V 火箭榴弹发射器、法国 LRC F1/89 毫米反坦克火箭发射器，等等。据调查，这些武器大多数是违反联合国军火禁运规定，从也门走私入境的。[4]

联合国安理会第 733（1992）号决议，要求对索马里进行军火禁运，

---

[1] Xan Rice, Hijacked Saudi oil tanker released after ransom dropped by parachute, 9 January 2009,http://www.guardian.co.uk/world/2009/jan/09/sirius–star–released–somali–pirates–ransom

[2] Ibid., p.29.

[3] Security Council Committee established pursuant to resolution 751 (1992) concerning Somalia, Report of the Monitoring Group on Somalia submitted in accordance with resolution 1811 (2008)，S/2008/769, p.31.

[4] Ibid., p.55.

实际上并没有得到执行，大批军火从也门等国走私进入索马里，这些军火不仅加剧了各派的武装冲突，同时便利了海盗从事武装抢劫活动。索马里因内战而形成的军火管制失控，直接造成海盗猖獗的局面。

四、"子母船"攻击方式

2005 年以来，由于索马里沿岸的海盗案件频发，商船为了避免遭到海盗袭击，一般远离索马里海岸行驶。索马里海盗不得不将作案范围，从索马里海岸扩及几百海里之外的公海。例如，上述"天狼星"案件，发生在距离港口 500 海里处。海盗为了在远离海岸的海域活动，利用较大拖船作为海上发起进攻的"母船"（Mother Vessels）。海盗在"母船"上发现目标船后，立即放下几艘快艇追赶并包围目标船，每艘快艇上载有 4~8 名海盗，开枪或发射火箭榴弹恐吓船员，然后用绳索爬上船舷，劫持船和人质。索马里海盗采用这种"子母船"的攻击方式，具有隐蔽性和突发性，过往船只经常丧失警惕性，等到海盗"母船"靠近，放下快艇袭击时，已经来不及躲避了。[1]

五、陆上据点

索马里海盗主要有两大海盗团伙：盘踞在东北部的邦特兰（Puntland）海盗团伙和在中部的哈拉迪热港（Harardheere）海盗团伙。这两大团伙由20~30 个左右小帮派组成。据估计，总数有 1000~1500 人，手下控制约 60艘小艇。[2] 邦特兰海盗团伙主要的据点在伊尔港（Eyl），海盗成员主要来自马杰特恩（Majerteen）部族。哈拉迪热港海盗团伙，主要由哈巴尔（Habar）

---

[1] International Maritime Bureau, Piracy Alert, December 4, 2008. http://www.icc-ccs.org/index. php?option=com_content&view=article&id=75&Itemid=60

[2] Security Council Committee established pursuant to resolution 751 (1992) concerning Somalia, Report of the Monitoring Group on Somalia submitted in accordance with resolution 1811 (2008), S/2008/769, p.30.

和苏雷曼（Suleiman）部族成员组成，以哈拉迪热港为基地。海盗劫持了多艘商船，其中包括装载苏式坦克的乌克兰货船"FAINA"号。阿鲁拉港（Aluula）是海盗的避难和中转港，海盗在前往基地港前，往往利用阿鲁拉港补充供给。[1]

第二节　失败的政府与联合国维和行动

一、中央政府垮台与国内军阀混战

索马里海盗猖獗的根源在于索马里国内混乱的政局。2005年，索马里各派军阀展开激战，导致海防废弛，海盗肆无忌惮，袭击过往的商船。[2]从2005年起，索马里海盗案件迅速增加。2006年下半年，"伊斯兰法院联盟"(Islamic Courts Union)控制索马里中南部地区期间，曾出动部队清剿海盗在陆地上的据点，有效地遏制了海盗活动。2006年索马里海盗案件，减少到10起。[3]

2006年5月，索马里过渡联邦政府和"伊斯兰法院联盟"爆发激战。6月，索马里过渡联邦政府被迫撤离首都。12月，在埃塞俄比亚的支持下，过渡联邦政府击溃了"伊斯兰法院联盟"，控制了首都摩加迪沙及索马里大部分地区。但是，索马里过渡政府忙于应付反政府武装，根本无力顾及沿海地区，给了海盗东山再起的机会。2007年开始，索马里海盗再度猖獗起来。[4]

---

[1] Security Council Committee established pursuant to resolution 751 (1992) concerning Somalia, Report of the Monitoring Group on Somalia submitted in accordance with resolution 1811 (2008), S/2008/769 http://www.un.org/sc/committees/751/mongroup.shtml.

[2] 中国外交部，《索马里国家概况》，http://www.fmprc.gov.cn/cnn/chn/wjb/zzjg/fzs/gjlb/1640/1640/164x0/default.htm.

[3] International Maritime Bureau, Piracy and Armed Robbery against Ships Report for the Period (1 January – 30 September 2008).pp.6–9.

[4] IMB, Piracy and Armed Robbery against Ships, Annual Report, 2005–2007. UK. ICC International Martime Bureau.

海盗在索马里邦特兰等地拥有据点，邦特兰行政当局的高级官员参与海盗活动并从中获利，纵容海盗在辖区内活动。2008年10月14日，海盗基地伊尔港市长透露，邦特兰当局高官包括几名部长都和海盗有联系。2008年年底，邦特兰当局曾试图打击海盗，但由于海岸警卫队的装备远不及海盗，而且众多的执法人员被海盗收买，难以进行下去。[1] 在这种情况下，要有效地打击索马里海盗必须依靠国际社会的力量。

二、联合国索马里维和行动的失败

1993—1995年，联合国在索马里开展人道主义维和行动。1993年10月3日，美国维和部队在索马里首都摩加迪沙为了抓捕"索马里联合大会"法拉赫·艾迪德武装分子，与"索马里联合大会"民兵激烈交火，美军2架"黑鹰"直升机坠毁，18名美军士兵在行动中丧生，一名美军士兵被俘，另一名美军士兵的尸体被索马里民兵拖地示众，在这次冲突中，索马里民兵和平民伤亡超过1000人。美国好莱坞将这次行动拍成电影，名为"黑鹰坠落"（Black Hawk Down）。

这次失败的军事行动，使美国在国际社会大失颜面，动摇了美国在索马里维和的信心。1993年年底，美国克林顿政府下令从索马里撤军。1994—1995年，美国军队和联合国军队相继退出索马里，索马里国内的部族武装冲突进一步激化。[2]

2001年，"9·11"事件后，美国担心动乱的索马里成为恐怖分子的基地，再次关注索马里问题。2005年1月15日，索马里过渡联邦政府正式成立。然而，刚成立的"过渡联邦政府"无法有效地控制索马里政局，人民流离失所，面对饥饿、死亡的威胁，许多年轻人铤而走险，入海为贼。

---

[1] Security Council Committee established pursuant to resolution 751 (1992) concerning Somalia, "Report of the Monitoring Group on Somalia submitted in accordance with resolution 1811 (2008), S/2008/769", p.32.

[2] Mike Bowden, Black Hawk Down: A Story of Modern War, US: Grove Press, 2001.

第四章　海事恐怖主义与海盗

　　"9·11事件"之后，打击海事恐怖主义成为国际反恐行动的重要内容。本章探讨海事恐怖主义的特点、海事恐怖主义与海盗的区别与联系，海事恐怖主义组织以及打击海事恐怖主义问题，等等。

第一节　海事恐怖主义

有关当代恐怖主义（Terrorism）的定义有多种，一般认为恐怕主义具有如下六大要素：1. 使用武力或威胁使用武力；2. 暴力行动由团伙实施；3. 暴力行动是为了实现政治目的；4. 使用暴力的范围超过其直接目标，伤及无辜平民；5. 可能袭击政府目标，但实施者不是来自另一个政府；6. 实施暴力行动的团体，在政治和经济等方面处于劣势，暴力行动是弱者表达政见的武器。[1]

海事恐怖主义 (Maritime Terrorism) 是恐怖主义的一种特殊形式，[2] 海事恐怖主义攻击在海上、内河上航行的船只和人员，或与水体相连接的码头和水上设备等目标。攻击的目标可以是动态目标，如军舰、客轮、油轮和商船等；也有静态目标，如狭窄的海峡、港口及其海上钻井平台等基础设施等。客轮、油轮和军舰是当代恐怖分子首选的目标，因为对这些目标发动恐怖袭击，威慑作用和影响面巨大。

一、海上恐怖袭击的目标

客轮、油轮和军舰是恐怖分子袭击的首选目标。恐怖分子对装载一般货物的商船兴趣不大，因为当代世界上的 80% 商船，悬挂与其国家没有"真正联系"的"方便旗"，如巴拿马等小国的国旗，恐怖分子袭击了悬挂"方便旗"的商船，被视为对该旗籍国的袭击，打击的目标不明确，而且目标在海上，袭击的冲击效应也不显著。石油是世界经济的命脉，恐怖分子攻击油轮可以造成巨大的冲击，据估计，如果世界一天的石油供应量减少了

---

[1] Alan Collins, Contemporary Security Studies, Oxford University Press, 2007, p.292

[2] Martin N. Murphy, Small Boats, Weak States, Dirty Money: The Challenge of Piracy (New York: Columbia University Press, 2009), p.185.

4%，石油价格将上涨 177%。[1]

2004 年 2 月 27 日，菲律宾阿布·沙耶夫恐怖组织在马尼拉港实施了"超级渡轮"号 (MV Superferry) 爆炸案。2 月 26 日午夜，阿布·沙耶夫组织的恐怖分子阿布·阿姆扎，携带一枚重达 7.7 磅的 TNT 炸弹，在菲律宾中部港口城市巴科洛德登上了超级渡轮。翌日凌晨，渡轮行至马尼拉湾科雷希多岛附近时，恐怖分子启动安置在渡船底舱的定时炸弹，自己跳离了渡轮。不久，"超级渡船"号发生了大爆炸事件，满载 899 名乘客的"超级渡轮"号起火后倾覆，造成 116 名乘客死亡，300 多名乘客受伤。[2]

2000 年 10 月，两名奥萨马·本·拉登 (Osama Bin Latin) 领导的"基地"恐怖组织 (Al Qaeda) 成员，使用装满 500 磅 C—4 炸弹的橡皮艇，袭击了停泊在亚丁湾的美国驱逐舰"科尔"号 (USS Cole)。巨大的爆炸将驱逐舰炸开了长 40 英尺的大洞，造成 17 名美国水兵死亡和 39 名水兵受伤，驱逐舰险些沉没。[3]

2002 年 10 月，"基地"组织以同样的方式在也门外海，袭击了法国籍"林伯克"号油轮（MV Limburg），造成 9 万桶原油泄漏到亚丁湾。"林伯克"号油轮是马来西亚国家石油公司（Petronas）租用的油轮、油轮船遇袭前，在沙特阿拉伯装载了 40 万桶原油，当时，油轮在也门准备再加 150 万桶原油，然后开往马来西亚的炼油厂。[4]

重要港口也是恐怖分子袭击的目标。历史上曾有轮船在港口爆炸，造成巨大伤亡的先例。1917 年 12 月 6 日，装满 2500 吨炸药和燃料的法国军火船"勃朗峰"号（Mont Blanc）在加拿大哈利法克斯港（Halifax）爆炸，造成 2000 多人丧生，9000 人受伤。[5] 2001 年 12 月，新加坡内政部破获了恐怖组织"伊斯兰祈祷团"企图在三巴旺码头袭击驻新加坡的美

[1] Matthew Hunt, Bleed to Bankruptcy:Economic Targeting in the Global Jihad, JIR, Jan. 2007.pp.14~17.

[2] Simon Elegant, The Return of Abu Sayyaf, Time Asia, 23 August, 2004.

[3] Harold W Gehman Jr. Lost Patrol: The Attack on the USS Cole, US Naval Institute Proceedings, Vol.1227, No.4, April 2001, pp. 34~37。

[4] Michael Richardson, A Time Bomb for Global Trade: Maritime-related Terrorism in an Age of Weapons of Mass Destruction (Singapore: Institute of Southeast Asian Studies, 2004), p.18.

[5] Gottschalk and Flanagan, Jolly Roger with an Uzi, (Annapolis, Md.: Naval Institute Press, 2000) p.110.

国海军舰艇及人员的计划。[1] 详见本章第二节。

世界经济依赖于物资安全有序地在全世界流动。世界上 70% 以上的物流，通过海上运输通道来完成。世界上有 7 大狭窄海上通道被称之为海上交通的咽喉部位（Chokepoints）：连接波斯湾和印度洋的霍尔木兹海峡（Strait of Hormuz）、连接安达曼海和南中国海的马六甲和新加坡海峡（Malacca and Singapore Straits）、连接太平洋和大西洋的巴拿马运河（Panama Canal）、连接红海和地中海的苏伊士运河（Suez Canal）、连接大西洋和地中海的直布罗陀海峡（the Straits of Gibraltar）、连接阿拉伯海和亚丁湾到红海的曼德海峡（Bab el-Mandeb）以及连接黑海和地中海的博斯普鲁斯海峡和土耳其海峡。这些海上交通的咽喉部位如果受到恐怖分子袭击，将对世界经济造成重大打击。[2]

二、海上恐怖分子的攻击手段

（一）在客轮船上安装炸弹，或使用枪支和榴弹发射器攻击船只

对于没有武装的客轮，恐怖分子伪装成游客，登上游轮，在船的要害部位，如底舱、油库或机房放置炸弹。炸弹一旦引爆，会引发连锁的爆炸起火，导致船上重大人员伤亡甚至导致轮船沉没，如菲律宾"超级渡轮"号爆炸案。恐怖分子也可以使用枪支和榴弹发射器袭击船只。

恐怖分子劫持船员、乘客为人质，要挟有关当局答应其条件。这种恐怖行动成功率很低，一般情况下，有关当局不可能答应其要求，恐怖分子也很难脱身，"阿基莱·劳伦"号游轮劫持案是典型例子。[3]

---

[1] Ministry of Home Affairs, White Paper: The Jemaah Islamiyah Arrests and the Threat of Terrorism (Singapore: Ministry of Home Affairs, 2003), pp.29–30.

[2] Michael Richardson, A Time Bomb for Global Trade: Martime – related Terrorism in an Age of Weapons of Mass Destruction (Singapore: Institute of Southeast Asian Studies, 2004) p.4.

[3] Tullio Treves, The Rome Convention for the Suppression of Unlawful Acts against the Safety of Maritime Navigation in Ronzitti, Natalino,ed. Maritime Terrorism and International Law (Dorecht, Boston and London: Maritinus Nijhoff Publishers, 1990), pp. 69–90.

1985 年 10 月 3 日，意大利"阿基莱·劳伦"号游轮（Achille Lauro），满载 700 名游客，从意大利热那亚港（Genoa）起航开往埃及和以色列。游轮先在埃及亚历山大港卸下部分观光客，船上还有 400 多名乘客继续随船前往萨伊德（Said）港。当游轮驶离埃及领海进入公海时，4 名巴勒斯坦解放阵线（Palestinian Liberation Front）阿布·阿巴斯派（Abu Abbas factions）恐怖分子劫持了游轮。恐怖分子以船上的乘客为人质，要求以色列释放在押的 50 名巴勒斯坦人。恐怖分子威胁说，如果要求得不到满足，每小时杀一名人质。以色列政府拒绝恐怖分子的要求。10 月 8 日，恐怖分子杀害了一名 69 岁坐轮椅的犹太裔美国人列农·克林霍夫勒（Leon Klinghoffer），将其尸体与轮椅一起抛入大海。

恐怖分子胁迫游轮驶向叙利亚，但叙利亚拒绝游轮入境。恐怖分子试图停靠塞浦路斯未果，最后只得返回距离埃及萨伊德港 15 海里的海域。埃及政府拒绝拘捕和引渡巴勒斯坦恐怖分子。[1] 10 月 9 日，埃及和巴勒斯坦解放阵线达成协议，安排恐怖分子从埃及脱身，以换取游轮人质释放。美国战斗机在空中拦截了运送巴勒斯坦恐怖分子离开游轮的埃及飞机，使之迫降于意大利西西里岛（Sicily）的北约美国—意大利的空军基地。由于"阿基莱·劳伦"游轮属于意大利所有，意大利警方逮捕了这 4 名巴勒斯坦恐怖分子，将之绳之以法。[2]

（二）使用装载炸弹的小艇，冲撞击目标船，引爆炸弹

由于恐怖分子无法登上军舰，要攻击军舰，只能采取外面进攻的方法。恐怖分子一般采取小船装载爆炸物，撞击引爆的方法，如上节中的"科尔"号驱逐舰被袭案。[3]

---

[1] Michael Bohn, The Achille Lauro Hijacking: Lessons in the Politics and Prejudices of Terrorism. Washington.DC:Potomac Books, 2004, p.10.

[2] Malvina Halberstam, Terrorism on the High Sea: The Achille Lauro, Piracy and the IMO Convention on Maritime Safety, The American Journal of International Law 82, No. 2 (1988).

[3] Martin N. Murphy, Small Boats, Weak States, Dirty Money: The Challenge of Piracy, (New York: Columbia University Press, 2009), p.208.

（三）利用潜水艇，水雷和其他水下设备发动袭击

利用潜水艇发动恐怖攻击，将严重威胁海上通道安全。但是，潜艇成本高，恐怖分子不容易取得。据报道，1999 年，摩洛伊斯兰解放阵线企图从朝鲜订购一艘小潜艇，未遂。泰米尔海上猛虎组织也试图从朝鲜和南非购买潜艇，也没有成功。[1]2000 年，泰国警方破获泰米尔海上猛虎组织试图在泰国的普吉岛（Phuket）南部的村庄建造潜水艇。泰国警方在现场发现有三艘正在施工的小潜水艇，这些潜艇可能用于运送人员和物资或发动自杀性攻击。[2]

水雷 (Naval mine) 和水下爆炸装置（Under-Water Improvised Explosive Device, UWIED）是恐怖分子发动水上进攻威力巨大的武器。1985 年，巴拿马籍散装轮"Mariner II"号触雷沉没。这些水雷是伊斯兰圣战组织(Islamic Jihad) 布置的。2006 年，斯里兰卡警方在科伦坡（Colombo）附近斯里兰卡军舰停泊的地区，抓捕了数名企图在军舰下安装水雷的"泰米尔猛虎组织"的泳客。[3] 因为水雷价格昂贵，如一枚意大利产的 Marta 水雷，价格高达 1.5 万美元，现在恐怖分子大多使用廉价易得的水下爆炸装置发动进攻。[4]

（四）利用商船来运送大规模杀伤性武器

一些恐怖分子会利用国际海运系统，运送大规模杀伤性武器，如核武器和"脏弹"（Dirty Bomb）。[5]"脏弹"，即放射性扩散装置（Radiological Dispersion Device）。在传统的炸弹中，加入球状或粉末状的钴 -60、铯 -137 或锶 -90 等放射性物质，通过炸弹爆炸将内含的放射性物质抛射散布到空气中，造成相当于核放射性尘埃的污染。1995 年，车臣恐怖分子企图发

---

[1] Ibid. p.252.

[2] Sakhuja, Three more mini-subs found in Rawai, The Nation (Bangkok), 5 June 2000.

[3] Peter Apps, Sri Lanka, Tigers claim victory in naval clash, Reuters AlertNet, 17 June 2006.

[4] Scot C. Truver,Mines of August: An International Whodunit, US Naval Institue Proceedings, Vol. 111, No.5, May 1985, pp.95–117.

[5] Peter Chalk, Maritime Terrorism in the Contemporary Era: Threat and Potential Future Contingencies, The MIPT Terrorism Annual, 2006. Oklahoma City: National Memorial Insitute for the Prevention of Terrorism,2006, p.30.

动"脏弹"袭击，未遂。[1]

（五）实施海上恐怖袭击的限制因素

根据兰登恐怖主义编年数据库（Rand Terrorism Chronology Database）的统计，在过去 30 年，海上恐怖案件仅占全部恐怖主义案件的 2%。[2] 海上恐怖案件较少的原因在于，实施海上恐怖行动的难度较大，受各种条件的限制。

1. 海洋传统和海事技能

恐怖分子需要具有海洋传统或具备海事方面的专长。例如，大部分阿布萨耶夫组织的成员是苏禄群岛岛民，他们是 18—19 世纪活跃在此地区的巴朗金吉海盗的后代。这些恐怖分子有长期海上实践积累的经验，有强大的实施海上恐怖袭击的能力。[3] 很多泰米尔海上猛虎组织成员来自世代以打渔为生的卡拉卡来亚种姓（Karaiyar fishing Caste），这些人长期从事走私、捕鱼和海上贸易，深谙水性。[4]

2. 自然地理因素

恐怖分子发动海上袭击，需要了解当地海上复杂的洋流、海底地形、潮汐变化等地理情况，恐怖分子一般选择自己熟悉的地方实施海上恐怖行动。

3. 陆地基地

海上恐怖行动需要陆地基地的支持，这包括资金、后勤给养、码头与船坞、人员的招募与培训，等等。印尼亚齐分裂分子和"泰米尔猛虎组织"，曾经有强大的陆上基地。2004 年，突如奇来的印度洋大海啸（Tsunami）彻底摧毁了亚齐分裂分子的基地，导致亚齐分裂分子不得不放弃武装斗争，

---

[1] Martin N. Murphy, Small Boats, Weak States, Dirty Money: The Challenge of Piracy, New York: Columbia University Press, 2009, p.261.

[2] Peter Chalk,Maritime Terrorism in the Contemporary Era：Threat and Potential Furture contingencies, The MIPT Terrorism Annual , 2006. Oklahoma City:National Memorial Institute for the Prevention of Terrorism 2006.

[3] Rommel C. Banlaoi, Maritime Terrorism in Southeast Asian：The Abu Sayyaf Threat,Naval War College Review, 2005, pp.63–80.

[4] Martin N. Murphy, Small Boats, Weak States, Dirty Money: The Challenge of Piracy, New York: Columbia University Press, 2009, p.363.

与印尼政府谈判和平解决亚齐问题。"泰米尔猛虎组织"也在印度洋大海啸中，失去了大约 2000 名成员和大量船只，还包括在穆来提鲁（Mullaittivu）附近的 4 座海岸雷达设备。[1]

第二节　海事恐怖组织

20 世纪 70 年代以来，有能力发动海事恐怖袭击的恐怖组织，主要有阿布·沙耶夫（The Abu Sayyaf Group）、伊斯兰祈祷团 (Jemaah Islamiyah)、摩洛伊斯兰解放阵线（Moro Islamic Liberation Front）、自由亚齐运动（Gerakan Aceh Merdeka）和"泰米尔猛虎组织"（Liberation Tigers of Tamil Eelam）等。

一、阿布·沙耶夫恐怖组织

"阿布·沙耶夫"（The Abu Sayyaf Group）是活跃在菲律宾南部的伊斯兰教恐怖组织。"阿布·沙耶夫"意思为"持剑者"，与世界上许多伊斯兰教极端组织有联系。创建人阿布杜拉加克·阿布贝克尔·贾恩贾拉尼（Abdurajak Abubakar Janjalani）曾与本·拉登一起参加过阿富汗战争。

1990 年，贾恩贾拉尼成立"穆加迪自由突击队战士"（Mujahideen Commando Freedom Fighters），目标是通过圣战（Jihad）在菲律宾南部的棉兰老岛建立一个伊斯兰教国家。"阿布·沙耶夫"组织在创建初期，得到了本·拉登的资金支持。"阿布·沙耶夫"恐怖组织的基地在巴西兰（Basilan）、苏禄（Su Lu）和塔威塔威（TawiTawi）等菲律宾南部岛屿。该组织在这些岛屿拥有上千名支持者，这些人世代以打鱼为生，熟谙水性，擅长海上恐怖袭击。[2]

---

[1] R.S. Vasan, Sea Control and the LTTE, Oberver Research Foundation ,Strategic Trends, Vol.IV. Issue 27, 7 Aug. 2006.

[2] Rommel C. Banlaoi, The Abu Sayyaf Group: Threat of Maritime Piracy and Terrorism in Peter Lehr edited, Violence at Sea: Piracy in the Age of Global Terrorism,New York: Routlege, 2007, p.123.

1991 年 8 月 24 日，贾恩贾拉尼在三宝颜港（Zamboanga）策划了"杜洛斯"轮（MV Doulos）爆炸案。"杜洛斯"轮是一艘教会用于传教的客船，传教士和信徒在船上举行宗教仪式时，恐怖分子引爆炸弹。2 名外国传教士在爆炸中丧生，另外 8 名信徒受伤。"阿布·沙耶夫"组织声称，此次攻击是对菲律宾政府军及菲律宾南部穆斯林地区进攻的报复。[1]

1992 年 5 月 2 日，"阿布·沙耶夫"恐怖组织成员，在三宝颜市杀害了意大利天主教神父萨尔瓦托雷·卡热杂达（Salvatorre Carzedda）。"阿布·沙耶夫"组织凶残的恐怖行动，引起世界媒体关注。1993 年 8 月，"阿布·沙耶夫"绑架了三宝颜市一家船坞老板李嘉图·董（Ricardo Tong）勒索赎金。1995 年 1 月 23 日，"阿布·沙耶夫"恐怖组织收到董家交付的500 万比索（约 9300 美元）赎金才释放人质。[2]

1998 年，"阿布·沙耶夫"恐怖组织头目贾恩贾拉尼，在巴西兰岛与警察交战中丧生。贾恩贾拉尼死后，"阿布·沙耶夫"恐怖组织分裂成两大帮派，分别在巴西兰、苏禄地区从事恐怖活动。"巴西兰帮"下属有 10个武装团伙，"苏禄帮"下属约 16 个武装团伙。

1991 年到 2000 年，"阿布·沙耶夫"发动了 378 次恐怖袭击，造成288 名平民死亡。2000 年是"阿布·沙耶夫"恐怖组织活动最嚣张的一年，据估计，当时恐怖分子大约有 1269 人，共实施 640 次绑架，受害人高达2076 人。绑架案地点甚至延伸到境外。[3]

2000 年 4 月 23 日，6 名"阿布·沙耶夫"恐怖分子在马来西亚西巴丹（Sipadan）度假海滩绑架了 21 名游客，其中包括 11 名外国游客。"阿布·沙耶夫"恐怖分子将人质劫持到菲律宾棉兰老岛的霍洛岛（Jolo Island），向菲律宾政府提出一揽子政治要求：承认菲律宾南部为独立的伊斯兰国家，

---

[1] Stefan Eklof, Pirates in Paradise : A Modern History of Southeast Asia's Maritime Marauders, Copenhangen: NIAS, p.113

[2] Rommel C. Banlaoi, "The Abu Sayyaf Group: Threat of Maritime Piracy and Terrorism" in Peter Lehr edited, Violence at Sea: Piracy in the Age of Global Terrorism (New York: Routlege, 2007), p.123.

[3] Department of National Defense, Info Kit on the Abu Sayyaf Group, Committee on National Defense and Security of the Philippine Senate, 24 August 2001.

调查菲律宾政府对菲南部沙巴地区（Saba）穆斯林的人权迫害问题，保护棉兰老岛的传统渔场等。恐怖分子还要求菲律宾政府交付 2600 万美元的赎金，否则人质将被斩首。2001 年 4 月，在利比亚的斡旋下，"阿布·沙耶夫"组织释放了人质，据说菲律宾政府为此付了 1500 万美元赎金。[1]

2001 年 5 月 28 日，"阿布·沙耶夫"恐怖分子在巴拉望岛（Palawan）度假地多斯·帕尔玛斯（Dos Palmas）绑架了传教士马丁·布勃汉姆（Martin Burnham）夫妇等 3 名美国人和 17 名菲律宾人。由于涉及美国人质，引起了世界媒体的关注。菲律宾政府拒绝向恐怖分子交付赎金，恐怖分子威胁要杀害人质。美国舆论呼吁白宫迅速支援菲律宾的反恐行动。[2] 美国火速派遣特种部队到菲律宾，协助人质救援行动。2002 年，菲律宾武装部队开展人质营救行动，马丁·布勃汉姆和另一名美国人质不幸死于营救行动中。[3]

"多斯·帕拉玛斯"绑架案后，美国和菲律宾在恐怖分子的老巢巴西兰、三宝颜等地，举行大规模的代号"肩并肩 02—1"（Balikantan 02-1）的反恐行动。菲律宾 3800 名士兵，与美军 660 名美国特种部队和 516 名海军陆战队和工程人员参加行动。在"肩并肩 02—1"行动中，菲律宾军方逮捕了策划和实施"西巴丹岛绑架案"的"阿布·沙耶夫"苏禄团伙的头目哥里比·安当（Galib Andang）。

菲律宾阿罗约政府采取强硬政策，打击"阿布·沙耶夫"恐怖主义分子。2001 年 6 月 19 日，阿罗约总统签署总统令，成立"国内安全内阁监督委员会运作中心"（Operation Center of the Cabinet Oversight Committee on Internal Security, 简称 COCIS）制定全国打击恐怖主义政策。2001 年 9 月 24 日，菲律宾政府成立"打击国际恐怖主义的跨部门特遣队"（Inter-Agency

---

[1] Roberto N. Aventajado, 140 days of Terror: In the Clutches of the Abu Sayyaf (Pasig City: Anvil Publishing, INC, 2004).

[2] Larry Niksch, Abu Sayyaf: Target of Philippine-US Anti-Terrorism Cooperation ,CRS Report for Congress,25 January 2002.

[3] Gracia Burnham and Dean Merrill, In the Presence of My Enemies (Wheaton, IL: Tyndale House Publisher, 2003).

Task Force Against International Terrorism），由总统办公室直接管辖，协调政府各部门的反恐行动。9月29日，菲律宾议会通过"反洗钱法"（Anti-Money Laundering Act），旨在切断恐怖分子的经费来源。[1]

2004年3月24日，COCIS成立了"菲律宾反恐怖特遣队"（Anti-Terrorism Task Force，简称ATTF）。同年10月，菲政府撤销了COCIS机构，改由"菲律宾反恐怖特遣队"全权负责制定、协调和执行菲律宾全国打击恐怖主义的任务。"菲律宾反恐怖特遣队"力图在在菲律宾全国范围建立反恐怖的情报网，加快各级部门对恐怖分子的甄别、控制、打击的速度。[2]菲律宾各级地方政府成立了打击恐怖主义的联盟，联盟成员包括79个省级单位、116个市、1500个辖区和4.27万个乡。[3]

在国际合作方面，菲律宾政府与美国、澳大利亚、中国、印度和日本开展双边反恐合作。2002年5月7日，菲律宾政府与马来西亚和印尼签订了《信息交换和建立通讯程序的三方协定》(Trilateral Agreement on Information Exchange and Establishment of Communication Procedures)。2001年，菲律宾政府签署了《APEC领导人打击恐怖分子的声明》（APEC Leaders Statement on Counter-Terrorism）和《东盟地区论坛关于防止恐怖主义的声明》（ASEAN Regional Forum Statement on the Prevention of Terrorism）。2001年，菲律宾政府投票同意联合国安理会打击恐怖主义的相关决议。[4]

经过几年的反恐行动，菲律宾政府反恐怖特遣队（Anti-Terrorism Task Force）打死打伤大批"阿布·沙耶夫"恐怖分子。2005年，恐怖分子的人数减少到380人。恐怖分子的人数虽然减少了，但"阿布·沙耶夫"

---

[1] Rommel C. Banlaoi, "The Abu Sayyaf Group: Threat of Maritime Piracy and Terrorism" in Peter Lehr edited, Violence at Sea: Piracy in the Age of Global Terrorism (New York: Routlege, 2007), p.132.

[2] Rommel C. Banlaoi, "The Abu Sayyaf Group: Threat of Maritime Piracy and Terrorism" in Peter Lehr edited, Violence at Sea: Piracy in the Age of Global Terrorism (New York: Routlege, 2007), p.133.

[3] Mayors Vow to Lead Fight Vs Terrorism, Support National 1D System, Philippine Star, 22 October 2002.

[4] Rommel C. Banlaoi, War on Terrorism in Southeast Asia (Quezon City: Rex Book Store International, 2004).

残存的能力不可忽视。"阿布·沙耶夫"各派团伙都是单独行动，对其活动的范围非常熟悉，手段凶残，他们可以随时随地进行绑架等恐怖活动，因此，政府军要完全将其消灭并不容易。

二、伊斯兰祈祷团

"伊斯兰祈祷团"（Jemaah Islamiyah）是一个活跃在东南亚的伊斯兰基本教义派恐怖组织。"伊斯兰祈祷团"的前身是 20 世纪 40 年代印尼反抗荷兰殖民统治的组织"回教之家"（Darul Islam）。1949 年，印尼获得独立后，"回教之家"因主张通过暴力斗争在印尼建立伊斯兰教国家，受到印尼政府的镇压。1985 年，一些"回教之家"的激进分子，为了逃避苏哈多政府的逮捕移居到马来西亚，组织改名为"伊斯兰祈祷团"。"伊斯兰祈祷团"的最终目标，是在东南亚地区建立一个以印尼为中心，包括马来西亚和菲律宾南部、新加坡和文莱的伊斯兰教国家（Daulah Islamiyah）。[1]

"伊斯兰祈祷团"的首任最高头目（Amir）领导人，是阿都拉孙卡（Abdullah Sungar）。阿都拉孙卡曾经参加阿富汗战争，与"基地"组织成员结成了亲密伊斯兰兄弟情谊。阿都拉孙卡先后派遣一些"伊斯兰祈祷团"成员，到阿富汗接受"基地"组织的训练。

1999 年，阿都拉孙卡去世，阿布巴卡（Abu Bakar Bashir）继任最高领导人。"伊斯兰祈祷团"在新加坡和马来西亚招募成员。1998 年苏哈多政府下台后，一些"伊斯兰祈祷团"的头目重返印尼进行活动。

"伊斯兰祈祷团"设立了经济部（iqtisod），确保"伊斯兰祈祷团"拥有长期收入和资金来源，支持"伊斯兰祈祷团"的活动。所有"伊斯兰祈祷团"经营的商业机构，必须向组织缴纳相当于盈利 10% 的款项，即"回教奉献基金"（Infaq Fisabilillah）。[2]"伊斯兰祈祷团"与"基地"组织的联

---

[1] Elena Pavlova,Jemaah Islamiah according to PUPJI" in Andrew T.H. Tan, A Handbook of Terrorism and Insurgency in Southeast Asia (Cheltenham, UK: Edward Elgar, 2007), p.76

[2] Andrew T. H. Tan, Security Perspectives of the Malay Archipelago:Security Linkages in the Second Front in the War on Terrorism (Cheltenham UK: Edward Elgar, 2004), p.62.

络头目汉巴里 (Hambali)，控制着"伊斯兰奉献基金"。"伊斯兰奉献基金"用于资助恐怖活动，如购买武器等，支付"伊斯兰祈祷团"成员到阿富汗和棉兰老岛的交通和训练费用，等等。

1999 年，"伊斯兰祈祷团"成立了"战士联盟"（Rabitatul Mujahidin）的区域联盟组织，联盟成员包括菲律宾"摩洛伊斯兰教解放阵线"、以孟加拉为根据地的洛兴亚士（Rohingyas）组织、以泰国南部为根据地的不知名圣战军组织。联盟的目标在训练、采办军火、资金援助和恐怖行动等方面互相合作和共享资源，为实现建立一个伊斯兰教国而奋斗。"战士联盟"在 1999 年到 2000 年年底在马来西亚举行了 3 次秘密会议，计划在印尼等地发动恐怖袭击。2000 年 8 月，"战士联盟"在菲律宾驻雅加达大使官邸外发动炸弹爆炸袭击事件，造成 2 死 20 伤。行动的目的是报复菲律宾政府追剿摩洛伊斯兰教解放阵线成员。

自 1999 年 4 月以来，"伊斯兰祈祷团"先后在印尼发动超过 50 次炸弹攻击，其中包括 2000 年圣诞夜恐怖袭击，此次恐怖袭击以教堂和神父为攻击目标，造成 19 人丧生。2003 年 8 月印尼雅加达万豪酒店（JW Marriott）炸弹攻击，夺走 12 条人命。2002 年和 2005 年巴厘岛炸弹攻击，造成 20 人丧生。这个行动是由汉巴里策划和协调的。此外，"伊斯兰祈祷团"在马尼拉的轻轨列车上引爆炸弹，炸死 22 人。根据菲律宾警方的调查，此次事件是由"伊斯兰祈祷团"的炸弹制造专家高兹（Fathur Rohman Al Ghozi）实施的。2004 年 9 月，雅加达澳大利亚驻印尼大使馆外的自杀汽车炸弹攻击，造成 10 人丧生，也是"伊斯兰祈祷团"所为。"伊斯兰祈祷团"也策划了几起泰国和新加坡的炸弹攻击阴谋。

2001 年 12 月，新加坡内政部逮捕了 13 名"伊斯兰祈祷团"组织成员，缴获了该组织成员策划在新加坡展开一系列炸弹攻击行动的计划。"伊斯兰祈祷团"在新加坡恐怖袭击计划，包括袭击驻新加坡的美国海军舰艇及人员。该计划由"伊斯兰祈祷团"下属的"亚约"(Fiah Ayub) 分支组织筹划，目标是攻击停泊在樟宜及德光岛岸外的美国海军舰艇。

新加坡内安局从"亚约"组织头目卡林那里缴获的一张袭击计划图显示,恐怖分子计划利用一艘小船进行海上炸弹袭击,目标是从三巴旺码头向东航行经过德光岛的美国军舰。地图上标明了最具杀伤力的航道位置。该位置位于航道最狭窄的地方,军舰将很难避开乘船恐怖分子自杀性的攻击。此外,这个水道的地理形势有利于船只的躲藏,不易被雷达或肉眼侦察。"伊斯兰祈祷团"分子已在新加坡对岸,马来西亚柔佛海峡沿岸的餐馆里,长时间地窥视停泊在三巴旺码头的海军舰艇和新加坡警察海岸卫队,收集有关情报。[1]

三、摩洛伊斯兰教解放阵线

"摩洛伊斯兰教解放阵线"（Moro Islamic Liberation Front）是活跃在菲律宾南部棉兰老岛的伊斯兰极端组织,它与"伊斯兰祈祷团"关系紧密。1997年,"摩洛伊斯兰教解放阵线"支持"伊斯兰祈祷团"在其阿布巴卡营地(Camp Abu Bakar)建立训练营。训练成员基本战斗技能和爆炸物处理。在新加坡被捕的数名"伊斯兰祈祷团"成员曾在这个营地接受使用手枪和M16步枪的训练。

印尼"伊斯兰祈祷团"重要成员高兹(Fathur Rohman Al-Ghozi)曾是"摩洛伊斯兰教解放阵线"的爆破专家和爆炸物教练员。他也是"伊斯兰祈祷团"和"摩洛伊斯兰教解放阵线"之间的主要联络人。高兹在2001年10月指示新加坡的"伊斯兰祈祷团"成员策划攻击新加坡的美国和其他与西方有关的设施。

1997年4月29日,"摩洛伊斯兰教解放阵线"成员乘坐快艇到菲律宾Isabel港,对港内货船"MV Miguel Jujan"号和岛际轮渡船"MV Leonara"号开机枪扫射,造成船上设施受损严重,5名乘客受伤,其中两名伤势严重,

---

[1] Ministry of Home Affairs, White Paper: The Jemaah Islamiyah Arrests and the Threat of Terrorism (Singapore: Ministry of Home Affairs, 2003), pp.29-30.

其他乘客惊恐万状，恐怖分子袭击后逃往附近小岛，一小时后，菲律宾执法人员才赶到现场。[1]

四、"自由亚齐运动"

亚齐 (Aceh) 位于印尼苏门答腊岛北部，地处马六甲海峡海上交通的要冲，面积 5.73 万平方公里，人口约 420 万，其中穆斯林人口占 90%。亚齐拥有十分丰富的石油、天然气、金银矿、橡胶和木材等自然资源，但是，印尼中央政府长期掠夺亚齐资源，当地居民的生活一直处于贫困状态。

1976 年 12 月，一些反政府人士成立了"自由亚齐运动"（Gerakan Aceh Merdeka），以资源分配不均和宗教文化差异为由，号召亚齐人成立一个独立的伊斯兰国家。印尼历届政府坚决反对亚齐独立，对其武装进行军事打击，"自由亚齐运动"不断与政府军发生武装冲突。

1999 年，瓦希德政府大力倡导民族和解，同意让亚齐享有广泛自治，地方政府可管理 75% 的财政来源，但坚决反对亚齐独立。2001 年 2 月，在多次谈判失败和停火协议没有得到执行的情况下，瓦希德政府宣布对"自由亚齐运动"采取"坚决行动"，同年 3 月，宣布"自由亚齐运动"为分离主义组织。

为了粉碎印尼政府的封锁，亚齐分裂分子借助马来西亚和泰国的国际犯罪团伙的网络，从泰马边界阿当（Adang）和泰国沙敦（Satun）和庄（Trang）等地，通过渔船将武器从海上运进亚齐港口以支持其分裂活动。[2] 此外，"自由亚齐运动"分子还通过海上抢劫、绑架以筹集购买武器的资金。例如，2003 年"自由亚齐运动"分裂分子拦截了马来西亚"Penrider"号商船，绑架了船员，要求 10 万美元的赎金。船东实际支付了 5.2 万美元赎回船员。

---

[1] ICC–IMB, Piracy and Armed Robbery against ships: Annual Report 1st January –31st December 1997, UK:ICC International Maritime Bureau, 1998, p.12

[2] Kirsten E. Schulze, Free Aceh Movement (GAM), Anatomy of a Separatist Organziation ,Policy Studies. NO. 2. Washington, D.C: East–West Centre, 2004.

"自由亚齐运动"分裂分子还袭击了"Cherry 201"号，船东企图与绑架人讨价还价失败，绑架分子杀害了 4 名船员。[1]

2003 年 5 月 18 日，印尼总统梅加瓦蒂宣布在亚齐省实行戒严，强化军事管制。印尼军队随即展开了近 30 年最大规模的军事行动，对"自由亚齐运动"进行空中和地面打击。2004 年 12 月，突如其来的印度洋海啸，夺去了数以万计的亚齐人的生命，"自由亚齐运动"人员和船只损失惨重。"自由亚齐运动"失去了与印尼政府军抗衡的能力。"自由亚齐运动"领导人与印尼政府恢复停火问题谈判。为了全力进行救灾，双方达成了停火协议。2005 年 1 月至 5 月，在芬兰前总统阿赫蒂萨里的调解下，印尼政府和"自由亚齐运动"代表在芬兰首都赫尔辛基举行了数轮和谈。5 月 30 日谈判结束，双方同意就结束亚齐暴力冲突起草一份和平协议。8 月 15 日，印尼政府和"自由亚齐运动"在赫尔辛基正式签署和平协议。根据协议，"自由亚齐运动"不再要求亚齐独立并解除武装。同时，政府撤出在亚齐的编制外驻军和警察，特赦"自由亚齐运动"政治犯。8 月 31 日，印尼政府释放了在押的 1424 名"自由亚齐运动"政治犯。2005 年 12 月，"自由亚齐运动"向政府上缴了 840 件武器，完成了解除武装的工作。政府方面按照和平协议的规定，在 12 月 29 日以前将多余的政府军士兵和警察有序撤出亚齐。同月 27 日，"自由亚齐运动"宣布解散其军事组织"亚齐国民军"，标志着"自由亚齐运动"与政府长达 30 年的武装对抗的终结。2006 年 7 月，印度尼西亚国会通过了《亚齐自治法》，赋予亚齐省地方政府更大的自治权。根据《亚齐自治法》，亚齐开发石油和天然气收入的 70% 将由亚齐省支配。该法还规定曾经从事分裂主义活动的人可以组建政党，并参加各级政府竞选。[2]

---

[1] Anthony Davis, Police Interdict arms traffic to Aceh, Jane's IR, 1 April, 2004.

[2] Free Aceh Movement, http://www.globalsecurity.org/military/world/para/aceh.htm.

五、泰米尔伊拉姆猛虎解放组织

1948 年斯里兰卡独立后，多数民族僧伽罗族人控制斯里兰卡政府，在语言、就业、教育和宗教等方面推行有利于上僧伽罗族人的政策。泰米尔族人认为本民族受到政府和社会歧视，僧伽罗族人和泰米尔族人之间的矛盾日益激化，多次爆发流血冲突。

1976 年，18 个泰米尔人政党组成联合解放阵线，要求在泰米尔人聚居的东部和北部地区实行自治，一些激进分子后分裂出来，组成"泰米尔伊拉姆猛虎解放组织"（Liberation Tigers of Tamil Eelam）。

"泰米尔猛虎组织"以斯里兰卡北部的贾夫纳半岛为其大本营。与其隔保克海峡（Palk Strait）相望的印度泰米尔纳德邦（Tamil Nadu）是"泰米尔猛虎组织"的海外基地之一。"泰米尔猛虎组织"的最高领导人韦卢皮来·普拉巴卡兰（Velupillai Prabhakaran）号召采取暴力手段，在斯东部和北部地区建立一个独立的泰米尔国家。

"泰米尔猛虎组织"拥有作战坦克、装甲运输车、远程火炮、防空导弹及用于巡逻的炮艇等。"泰米尔猛虎组织"拥有强大的海上力量，能突破斯里兰卡政府的封锁，保证"泰米尔猛虎组织"在斯里兰卡的基地。[1]"泰米尔猛虎组织"以发动恐怖自杀性攻击闻名于世。[2]

1983 年 7 月，"泰米尔猛虎组织"成员在贾夫纳半岛打死 13 名政府军士兵，随后僧伽罗人在首都科伦坡对泰米尔人进行报复并引发了大规模的骚乱，斯里兰卡政府军与猛虎组织之间，爆发了长达 19 年的内战，导致 6 万多人丧生，180 多万人流离失所，国家的基础设施遭到严重破坏，巨额军费开支严重影响了斯里兰卡的经济发展。

20 世纪 80 年代初，"泰米尔猛虎组织"使用快艇和渔船运送后勤物资。

---

[1] R. Hariharan, Sri Lank: How strong are the Tigers？,South East Asia Analysis Group Note No. 297, 28 Feb. 2006.

[2] Adam Dolnik, Suicide Terrorism and Southeast Asia in Andrew T.H.Tan edited, A Handbook of Terrorism and Insurgency in Southeast Asia, Cheltenham（UK: Edward Elgar, 2007）. P. 105.

斯里兰卡海军使用以色列产的"德沃拉"（Dvora）巡逻艇，在海上重创"泰米尔猛虎组织"的运输队。猛虎组织意识到必须建立海上武装。1984年，"泰米尔猛虎组织"成立了"海上猛虎队"（Sea Tigers），控制了斯里兰卡北部和保克海峡海域。[1] 由于"泰米尔猛虎组织"在陆地上根据地被政府军分割包围，泰米尔"海上猛虎队"利用海路，避开政府军的封锁，将战士运送到各根据地。泰米尔"海上猛虎队"拥有多种类型的船只，军舰负责袭击政府军和保护后勤补给船的安全，后勤补给船主要运输物资和武器。改装过的拖船和快艇用于自杀攻击。自杀性攻击是泰米尔猛虎队的杀手锏，在泰米尔海上猛虎摧毁了近三分之一的斯里兰卡海军。2001年，"泰米尔海上猛虎队"发展到3000到4000人。[2]

泰米尔"海上猛虎队"成立后，曾经攻击海上商船。1994年10月，"海上猛虎队"在Vettilaikerni攻击了商船"海洋贸易家"（MV. Ocean Trader）。国际海事局海盗报告中心记录了1997年泰米尔"海上猛虎队"的袭击案件：1997年7月7日，一艘朝鲜货轮"Morang Bong"号准备向贾夫纳半岛的商人运送生活必需的食品时，被"泰米尔猛虎组织"夺取。"泰米尔猛虎组织"的电台宣称对此事负责，并宣布该组织在船试图逃逸时，击毙了一名船员。根据验尸官证明，死者是四副Shing Gong Ho，被近距离的子弹击中头部致死。

1997年9月9日，一艘3.4万吨中国货轮"热诚"号（MV Cordiality）正在斯里兰卡Pulmoddai港装载钛矿砂，船遭到"泰米尔猛虎组织"的数艘小船和多枚榴弹火箭袭击，造成货船轮机舱起火。斯里兰卡海军赶来救援，与泰米尔猛虎武装分子交火。双方伤亡惨重。轮船上32名船员有4人被打死，其余人乘直升飞机离开轮船。[3]

---

[1] N. Manoharan, Tigers with fins: Naval Wing of the LTTE, Institute of Peace and Conflict Studies, Article No. 1757, 31 May 2005.

[2] V. Suryanarayan, Sea Tigers and Indian Security, Journal of Indian Ocean Studies, Vol.12, No.3, Dec, 2004, pp. 404–411.

[3] ICC–IMB, Piracy and Armed Robbery against Ships: Annual Report 1st January –31 December 1997, Essex: ICC International Maritime Bureau, 1998, pp.13–14.

2002 年 2 月，"泰米尔猛虎组织"与斯里兰卡政府在斯德哥尔摩签署了一份永久性的停火协议，但他们之间的武装冲突一直不断，停火协议名存实亡。2004 年 12 月，印度洋大海啸，使泰米尔"海上猛虎队"损失了近一半船只和人员，"泰米尔猛虎组织"元气大伤。2005 年，斯里兰卡拉贾帕克萨总统上台后，发誓要消灭猛虎组织。2006 年年末，政府军对猛虎组织发动了无情的打击，斯政府军节节胜利，夺取了大批猛虎组织的根据地。2009 年 5 月 18 日，斯里兰卡政府军击毙了"泰米尔猛虎组织"的最高领导人韦卢皮来·普拉巴卡兰，"泰米尔猛虎组织"土崩瓦解，结束了长达 26 年的战争。

第三节　海事恐怖主义与海盗

海盗攻击的动机是获得经济利益，从现有的法制漏洞中榨取暴利。海盗的目标是以最小的代价获得最大的收益。何为最小的代价？在海上抢劫能带来暴利的商船而不被执法人员逮捕，因此，海盗尽可能隐蔽作案，不被人发现，被捕的风险就降低，收益才能最大化，得手后迅速离开。

恐怖分子的犯罪动机是政治目的，恐怖分子是要改变现有的社会，使其合乎自己的理念。恐怖分子实施的恐怖行动是要表达政见，引起社会广泛关注，实施的暴力活动尽可能要通过媒体传播出去，以扩大其影响。

海盗采取各种方式以最大限度地获取利润，如"幽灵船"等。恐怖组织一般采取最简单有效的方式来达到目的，如爆炸、暗杀等。海事恐怖活动，由于成本高、要求的专业技术高、费时、影响不如地面大，比如，无法吸引大量传媒的采访，将信息传播出去，因而，不是恐怖分子首选的手段。

跨国犯罪组织和恐怖分子在以下四种条件下有可能合作：1. 为了金钱；2. 在转型的国家中制造混乱；3. 鼓励腐败和恐吓之风；4. 为其合作提供掩

护机构。[1] 东南亚地区边界地形复杂，非常便于海盗和恐怖分子的合作，如"泰米尔猛虎组织"、缅甸的阿拉肯人（Arakanese）和印度的走私团伙合作，控制了亚洲到欧洲的毒品和非法移民的通道。菲律宾阿布·沙耶夫恐怖组织与名为"五角大楼"（Pentagon）的绑架团伙合作牟取赎金。[2]

总之，海盗和恐怖主义是两种不同性质的犯罪活动。

第四节　打击海事恐怖主义

在"9·11"事件之后，为了保障国际海上运输的安全，联合国海事组织通过多项对《1974 年海上安全公约》（1974 International Convention for the Safety of Life at Sea）的修订案。2002 年 12 月，联合国海事组织的成员国在伦敦召开国际海事组织海上安全大会，通过《国际船舶和港口设施保安规则》（International Ship and port Facility Security，ISPS）。

规则规定：所有 300 吨位及以上的国际航行船舶，必须安装自动识别系统（Automatic Identification System, AIS）；所有 100 吨位以上的客船以及 300 吨位以上的货船，必须在船体和内部舱壁上，标记船舶永久识别号；所有 300 吨位以上的国际航行船舶，必须持有记录船舶历史的"连续概要记录"（Continuous Synopsis Record）；所有 500 吨位以上的国际航行船舶，必须配备船上保安警报系统（Ship Security Alert System，SSAS）。所有公约适用的国际航行船舶，在船上必须备有经批准的《船舶保安计划》，通过保安审核并取得《国际船舶保安证书》，等等。[3]

2004 年 7 月 1 日，《国际船舶和港口设施保安规则》开始实施后，港口和船上同时加强了海事安全的防范，对海盗和海上武装抢劫，起了明显的阻遏作用。规则中要求所有 300 吨位以上的国际航行船舶，必须持有记

---

[1] Mark A. R. Kleiman, Illicit Drugs and the Terrorist Threat: Causal Links and Implications for Domestic Drug Control Policy, Congressional Research Service, RL32334; 20 April 2004, pp.2–7.

[2] Martin N. Murphy, Small Boats, Weak States, Dirty Money: The Challenge of Piracy（New York: Columbia University Press, 2009），p.397.

[3] IMO website, http://www.imo.org/Facilitation /mainframe.asp?topic_id=388.

录船舶历史的"连续概要记录"这项措施，杜绝了海盗将抢来的船只重新注册成"幽灵船"的现象。

2005年，联合国海事组织还应马六甲海峡沿岸国的要求，在印尼首都雅加达举行了"雅加达会议"，召集了马六甲海峡的使用国以及与马六甲海峡利益攸关的各方，讨论有关分担马六甲海峡管理费用的问题。2006年在马来西亚首都吉隆坡举行了"吉隆坡会议"，沿岸国政府提出了6项与马六甲海峡航运安全有关的提案，要求与会国资助，中国、美国、韩国等国承诺出资援助这些项目。

2007年，马六甲海峡的使用国以及马六甲海峡利益攸关方，在"新加坡会议"上通过了建立"合作协调机制"（Cooperative Mechanism）的决议，该机制旨在协调马六甲海峡沿岸国和马六甲海峡的使用国以及马六甲海峡利益攸关方的合作，促进马六甲海峡的使用国以及马六甲海峡利益攸关方，以自愿为原则帮助沿岸国保障马六甲海峡的航运安全和环境保护，等等。通过这三次会议，减轻了马六甲海峡沿岸国管理海峡的负担，提高了沿岸国保障海峡安全和打击海盗的积极性。[1]

---

[1] Efhimios E. Mitropoulos, Opening Address of Meeting on the Straits of Malacca and Singapore: Enhancing Safety, Security and Environmental Protection Singapore, Tuesday, 4 September 2007". IMO /SGP 1/INF.7.

第五章　打击海盗的国际合作行动

　　当代东南亚海盗具有跨国犯罪性质，打击海盗的行动需要国际合作。20世纪90年代以来，马六甲海峡沿岸国印尼、马来西亚和新加坡等国相继开展打击海盗的国际合作。但是，在20世纪90年代末，东南亚海盗案件不仅没有减少，反而逐年上升，2000年达到历史最高点，主要原因在于沿岸国打击海盗政策上存在分歧，以及海上执法能力不足。

第一节　马六甲海峡沿岸国家打击海盗的国际合作

当代东南亚海盗具有跨国犯罪性质，打击海盗的行动需要国际合作。20世纪90年代以来，马六甲海峡沿岸国印尼、马来西亚和新加坡等国相继开展打击海盗的国际合作。1992年，新加坡和印尼达成海上共同打击海盗的协议。同年，印尼和马来西亚也签订了打击马六甲海峡海盗的合作协议。马来西亚和菲律宾、马来西亚和新加坡也相继签署双边协定合作打击海盗。[1] 但是，在20世纪90年代末，东南亚海盗案件不仅没有减少，反而逐年上升，2000年达到历史最高点，主要的原因在于沿岸国在打击海盗政策上存在分歧，以及海上执法能力不足。[2]

一、沿岸国打击海盗上的政策分歧

印尼、马来西亚和新加坡三国在海盗问题的认知上存在巨大差异。许多印尼政府官员和学者认为，在马六甲海峡的海盗问题被有意夸大了。时任印尼外交部边界与条法司司长的阿日夫·哈发斯·欧格塞农（Arif Havas Oegroseno）指出，马六甲海峡的海盗案件被误读了，大约80%的案件是发生在马六甲海峡沿岸港口和锚地的海上抢劫、偷窃和夜盗行为，不是海盗案件。印尼政府采用《联合国海洋法公约》101条的海盗定义，即海盗是发生在公海的不法行为，发生在沿岸国领海的不法行为，只能称为"海上武装抢劫"，不能称为海盗。[3] 印尼前海军上将伯纳德·肯特·宋

---

[1] Peter Chalk, Contemporary Maritime Piracy in Southeast Asia., Studies in Conflict and Terrorism 21, No. 2 ,1997, pp. 87-112.

[2] ICC-IMB, "Piracy and Armed Robbery against Ships Annual Report (1 January-31 December 2001)" ,Essex: ICC International Maritime Bureau, 2002.

[3] Arif Havas Oegroseno, The Strait of Malacca and Challenge Ahead, the Indonesian point of View (paper presented at the "Straits of Malacca: Building a Comprehensive Security Environment", Kuala Lumpur, Malaysia, 11–13 October 2004), p.8.

达（Bernard Kent Sondakh）认为海盗问题是国际媒体为外国势力介入印尼而制造的舆论。[1]

印尼作为海洋大国，国内有许多优先考虑的问题，打击海盗是其次要的问题。例如，印尼政府需要优先考虑如何执行 1999 年第 22 号有关海事区域自治的法令，协调各省海域管辖权的冲突；打击在其领海及专属经济区内非法捕鱼的外国渔船，据估计，印尼政府每年因外国渔船非法捕鱼而造成的损失高达 50 亿美元，以及打击印尼领海内的毒品和武器走私、偷渡等不法行为等。[2] 根据国际海事局海盗报告中心的报告，1991—2008 年间，在印尼海域附近被海盗袭击的 1171 艘商船中，印尼籍的商船只有 53 艘，占总数的 4.5%。因而，印尼政府对打击海盗行动的积极性不高。

马来西亚认为海盗从本质上只是普通的犯罪，没有对国内社会造成重大威胁。马来西亚认为大部分过往马六甲海峡的商船，免费享受了马来西亚提供的海事安全服务，如灯塔、浮标等公共产品，属于"搭便车者"（Free Rider），马来西亚没有意愿投入大笔资金，保护过往外国船只。

多年来，马来西亚一直呼吁马六甲海峡使用国以及马六甲海峡利益攸关者（Stakeholders），分担马六甲海峡沿岸国管理马六甲海峡的费用。在"9·11"事件之前，除了日本积极响应外，其他国家没有理会。"9·11"事件之后，马六甲海峡使用国以及马六甲海峡利益攸关者，担心海事恐怖主义威胁国际海上通道的安全，才参加了马六甲海峡的费用分摊方案。[3]

新加坡是位于马六甲海峡最南端的城市国家。与印尼和马来西亚不同，马六甲海峡的安全关系到新加坡国家的兴衰存亡。新加坡特别强调海盗的严重危害性，希望海盗问题能引起国际社会的关注，从而加大国际合作打

---

[1] Bernard Kent Sondakh, National Sovereignty and Security in the Straits of Malacca (paper presented at the "Straits of Malacca: Building a Comprehensive Security Environment", Kuala Lumpur, Malaysia, 11–13 October 2004).

[2] Hasjim Djalal, Piracy in Southeast Asia: Indonesian & Regional Responses, Indonesian Journal of International Law 1, No.3 (2004), p.419–440.

[3] Michael Leifer, International Straits of the World: Malacca, Singapore, and Indonesia (Alphen aan den Rijn: Sijthoff & Noordhoff, 1978).

击海盗的力度。[1]

二、沿岸国主权问题

国际法是打击海盗的国际合作的主要依据。打击海盗的国际法的依据有：《联合国海洋法公约》、《1988 年制止危及海上航行安全非法行为公约》和《1988 年制止危及大陆架固定平台安全非法行为议定书》。

《联合国海洋法公约》有关海盗的条款，仅适用于打击以经济为目的的海盗行为，而且限于船对船的攻击，不涉及以政治为目的的海盗行为。1985 年，"ACHILLE LAURO" 号事件促成了《1988 年制止危及海上航行安全非法行为公约》（以下简称《罗马公约》）和《1988 年制止危及大陆架固定平台安全非法行为议定书》的签订。这两部国际法将在船上和固定平台上的犯罪也列入海盗行为，有利于打击海事恐怖分子。

《罗马公约》与《联合国海洋法公约》相比，登临权适用范围的扩大，除公海以外，也适用于航行于或将进入一国的专属经济区、毗连区、用于国际航行的海峡和群岛水域等。公约规定缔约方必须对海盗定立罪名，确立管辖权，并接收移交的责任人或嫌疑人。

然而，马来西亚和印尼担心打击海盗的国际合作，可能造成其主权被侵犯，至今尚未批准。由于印尼和马来西亚不是《罗马公约》的缔约国，这给双边和多边打击海盗的合作带来许多问题，例如，打击海盗的合作，不能"紧追"(hot pursue) 到邻国的领海内，使打击海盗的执行方面出现困难。1992 年，新加坡、马来西亚和印尼之间的双边打击海盗国际合作行动，均禁止一国海军"紧追"海盗进入他国境内。[2] 新、马、印的打击海盗合作，仅是协作巡逻（Coordinated Patrol），即参与国在本国领海巡逻，如果

---

[1] Ralf Emmers, Non-Traditional Security in Asia-Pacific: The Dynamics of Securitisation (Singapore: Marshall Cavendish International, 2004).

[2] Peter Chalk, Grey-Area Phenomena in Southeast Asia: Piracy, Drug Trafficking and Political Terrorism, Canberra Papers on Strategy and Defence ; No. 123. (Canberra: Strategic and Defence Studies Centre Research School of Pacific and Asian Studies The Australian National University, 1997).

海盗逃到邻国领海，则需要邻国来处理。这样的运作，必然错过逮捕海盗的时机，因为等到邻国海军赶到时，海盗早已逃之夭夭了。

三、海上执法机构的能力

（一）印尼

印尼打击海盗的主要海上执法力量，是海军和海岸警卫队（Kesatuan Penjaga Laut dan Pantai）。为了打击马六甲海峡和新加坡海峡附近的海盗，印尼海军在新加坡海峡附近的巴淡岛（Batam）和巴拉旺（Belawan）设立了海军指挥中心（Puskodal）。印尼海军指挥中心收集有关海盗的情报，指挥打击海盗行动，协调印尼海军与新加坡海军和马来西亚海军的联合行动。[1]

1972年,国防部武装部队司令部成立"国家海上安全协调委员"（Badan Kooridinasi Keamanan Laut，BAKORKAMLA），协调国防部、交通部、林业部、司法部和最高法院等部门处理海上事务。[2] 但是,"国家海上安全协调委员"自从成立后就被舆论批评缺乏效率，在处理打击海盗行动中鞭长莫及。[3]

印尼是群岛国家，岛屿分散，印尼武装部队的任务就是要维持岛屿和群岛海域的统一。印尼的海军舰队大约有300艘军舰。这些舰艇中，新的舰艇装备不齐全，旧的舰艇无法正常航行，能同时执行任务的舰艇不到总数的十分之一。印尼空军大约有60架飞机，包括直升飞机等机型，但有

[1] Bernard Kent Sondakh, National Sovereignty and Security in the Straits of Malacca ,paper presented at the "Straits of Malacca: Building a Comprehensive Security Environment", Kuala Lumpur, Malaysia, 11-13 October 2004, 8.

[2] Dewan Keamannan Laut Indonesia, Keputusan Bersama Menteri Pertahan-Keamanan/Panglima Angkatan Bersenjata, Menteri Perhubungan, Menteri Keuangan, Menteri Kehakiman Dan Jaksa Agung-Pembentukan Badan Korrdinasi Keamanan Di Laut Dan Komando Pelaksana Operasi Bersama Keamanan Di Laut, ed. Menteri Perhubungan Menteri Pertahan-Keamanan/Panglima Angkatan Bersenjata, Menteri Keuangan, Menteri Kehakiman Dan Jaksa Agung (1972).

[3] Hasjim Djalal, Piracy and Challenges of Cooperative Security and Enforcement Policy, The Indonesian Quarterly 30, No. 3 (2002): 108.

40% 不能起飞。[1]

印尼国家情报学院（State Intelligence Institute）海军少将 Bijah Soebijanto 披露，印尼还需要 176 艘军舰、110 架海上飞机才能满足印尼的需要，这些装备大约需要 270 亿美元。[2] 印尼海军的经费严重不足，印尼的国情和经济条件不可能提供如此庞大的军费开支。[3]

1992 年 6 月，印尼海军启动了"铲除海盗行动"（Operasi Kikis Bajak），清剿廖内群岛（Riau Archipelago）附近海盗。[4] 据印尼海军上将尤素夫·艾芬迪（Yusuf Efendi）估计，大约有 200 名海盗在廖内群岛附近活动，印尼海军逮捕了其中的 75%，审判了 18 名海盗。1993 年，印尼海盗案件从 1992 年的 49 件下降到 10 起，1994—1998 年，海盗袭击案件得到了一定控制，如 1994 年（22 起）、1995 年（33 起）、1996 年（57 起）1997 年（47 起）。1998 年，亚洲金融危机爆发，印尼苏哈托总统下台，印尼国内政局动荡，海军无暇顾及打击海盗的活动，海盗案件大幅度上升，1999 年开始，每年在印尼海域发生的海盗案件超过了 100 起以上。[5]

进入 21 世纪，印尼面临严峻的海上安全挑战。2004 年 10 月 20 日，军人出身的苏西洛·班邦·尤多纳诺（Susilo Bambang Yudhoyono）担任总统。2005 年 3 月，印尼与马来西亚在苏拉威西岛附近的领土争端升级为海军对峙。印尼从此事件中，深刻认识到海军能力的提升已经刻不容缓。2005 年 6 月，印尼海军参谋总长、海军上将萨拉玛·索迪扬托（Slamet Soedijanto）披露了"印尼海军 2004—2013 蓝图"（TNI-AL Blueprint 2004—2013），计划在 2020 年前建成"近海"（green water）海军。以苏拉

[1] Christopher Langton, Responding to the Maritime Challenge in Southeast Asia in The Military Balance 2006, ed.,London: Routledge & the International Institute for Strategic Studies, 2006.

[2] Staff-Report, Indonesia Moves to a New Strategic Age, Defence & Foreign Affairs' Strategic Policy, 2005.

[3] Marcus Mietzner, The Politics of Military Reform in Post-Suharto Indonesia: Elite conflict, Nationalism, and Institutional Resistance, Policy Studies 23, Washington: East-West Centre, 2006), p.8.

[4] Stefan Eklof, Pirates in Paradise: A Modern History of Southeast Asia's Maritime Marauders (Copenhagen : NIAS Press, 2006), p.149.

[5] ICC-IMB, Piracy and Armed Robbery against Ships Annual Report (1 January-31 December 1998)",Essex: ICC International Maritime Bureau, 1999,p.3.

巴亚（Sulabaya）为基地的东部舰队和以雅加达为基地的西部海舰将合并为一个舰队，由苏拉巴亚（Sulabaya）基地指挥。苏拉巴亚基地将指挥部署在西部的廖内群岛（Riau）、东部的巴布亚（Papuya）和中部的马卡萨（Makassar）的舰队。在西帝汶（West Timor）和北苏拉威西的海军基地也将翻修。此外，印尼海军还将在苏门答腊岛建立第三旅和在巴布亚建立第四旅。[1] 在印尼海军蓝图中还披露了印尼海军的军购计划，其中包括购买4艘Sigma级的轻型护卫舰（Corvettes）、4艘韩国产的登陆平台（Landing Platform Dock）、中国C-802反舰导弹和4艘Todak级大型巡逻舰。这些军购，大大提高印尼的海上作战和执法能力，不过，这些武器和装备还需要数年的调试与训练才能真正地形成战斗力。[2]

（二）马来西亚

马来西亚是个面向海洋的国家，涉海机构众多，主要有：马来西亚皇家海军（Royal Malaysian Navy）、皇家警察部队（Royal Marine Police，RMP）、渔业部的"海洋资源保护和海上公园处"（The Departmet of Fisheries (Marine Resources Protection Unit and Marine Parks Unit)、马来西亚皇家海关（Royal Malaysian Customs）、交通部的海事司（The Marine Department under the Ministry of Transport）、总理府的国家安全处（The National Security Division, Prime Minister's Department）。1985年，马来西亚建立了"海事执法协调中心"（Maritime Enforcement Coordinating Centre, MECC)，隶属总理府国家安全处，协调跨部委有关海事安全的工作，执行海上侦察和执法的功能。[3] 20世纪90年代，马来西亚皇家海军开始致力于建立"蓝水海军"（Blue Water Navy）以抵御外来的海上威胁。"9·11"事件之后，马来西亚成立了一个新的执法机构——"马来西亚海事执法机构"（Malaysian Maritime Enforcement Agency），这个机构由马来西亚与海

[1] Langton, ed., The Military Balance 2006,p.256

[2] Derwin Pereira, Indonesian Navy Ships Not Fit to Fight, Says Chief, The Straits Times Interactive 2002, July 3.

[3] Djalal, Combating Piracy: Co-Operation Needs, Efforts, and Challenges, p.148.

事相关的部门调拨的人员组成，其中包括海军、海岸警卫队、渔业部和海关工作人员等。[1]

"马来西亚海事执法机构"的管辖范围，延伸到距离马来西亚海岸线200海里的专属经济区（Exclusive Economic Zone）。皇家海上警察则仍然管辖马来西亚12海里的领海。目前，"马来西亚海事执法机构"将工作重点放在维护马六甲海峡的安全，打击海盗以及走私、贩毒和非法移民等。

"马来西亚海事执法机构"装备有72艘各种类型的舰艇，其中包括15艘前马来西亚皇家海军的巡逻艇，并计划装备20架直升飞机，以及其他两栖飞行器。2006年，马来西亚海军调拨了1300名军官和17艘舰艇支援"马来西亚海事执法机构"，但是，马来西亚的海上执法力量还是不足以应付海上的突发事件。[2]

1985年，马来西亚成立"海事执法协调中心"（Maritime Enforcement Coordinating Centre），由首相府的国家安全局领导。马来西亚皇家海警队和皇家海军虽然装备比印尼好些，但依然无法满足海上的保安任务。

（三）新加坡

新加坡海岸警卫队和新加坡海军负责打击其领海的海盗，新加坡海岸警卫队有6个海上巡逻编队及80艘军舰。海岸警卫队从90年代以来就不断地更新其装备和侦察技术，装备了第三代的PT级军舰、第二代的PK级军舰和PC级军舰。新加坡海岸司令部协调新加坡空军以及新加坡港口管理局（Maritime and Port Authority, MPA）为打击海盗提供空中和地面的支持。[3]

1988年，新加坡开始实施"新加坡武装部队2000"（SAF 2000）的军队现代化计划。该计划着力于建立以高科技为特征的现代化军队，注重指挥（Command）、控制（Control）和通信（Communication）等技术；情报

---

[1] Langton, ed., The Military Balance 2006.

[2] New Straits Times, Navy is seriously Short of Men and Ships, New Straits Times, 27 April 2007.

[3] Singapore Ministry of Defence, Defending Singapore in the 21st Century ,Singapore: Ministry of Defence, 2000.

(Intelligence)、监视 (Surveillance) 和侦察（Reconnaissance）即 ISR 以及后勤保障等能力的建设。有关新加坡海军建设的部分，即"海军 2000"计划，包括购置扫雷舰（Mine hunters）、海军巡逻机、潜艇、新的巡逻艇和登陆舰等。20 世纪 90 年代，新加坡政府不断增强海军实力。根据"三角洲计划"（Project Delta），新加坡将购买 6 艘排水量 3200 吨，舰身 144 米长的"无畏级"（Formidable-class）驱逐舰，Harpoon 反舰导弹和 MBDA-ASTER 15-point 防御导弹。此外，还包括购买 6 艘 S-70B"海鹰"（Seahawk）多功能舰载直升机，2 艘前瑞典型 A17 V sterg tland-class 潜水艇，1 艘登陆坦克（Landing Ship Tank），Hydroid REMUS 水下系统以及无人驾驶飞行器（Unmanned Aerial Vehicles）等。虽然新加坡海军装备精良，昼夜不停地在领海执行侦察巡逻任务，但是新加坡管辖的海域狭小，对马六甲海峡的整体安全影响有限。[1]

四、马六甲海峡三国的海上力量评价

新加坡的海上力量在三个马六甲海峡的沿岸国中是最强大的。新加坡是发达国家，经济实力强大。新加坡在军事上与美国联系密切，新加坡国土面积小，实行全民义务兵役制，对预备役人员的训练和基础设施的建设制度化、专业化。马来西亚海上力量一般，而印尼则最差。要加强海上执法能力，需要巨额的国防预算，对于海疆广阔但经济相对落后的马来西亚和印尼而言，不可能在短期内实现。外国援助不失为一个迅速提高沿岸国海上能力的捷径，但沿岸国的政策差异，特别是马来西亚和印尼对外援采取保留态度，害怕外援侵蚀自己的主权。

[1] Singapore Ministry of Defence, Defending Singapore in the 21th Century ,Singapore: Ministry of Defence, Singapore, 2000.

五、马六甲海峡沿岸国政府的政策调整

2001 年 12 月，新加坡逮捕了 13 名伊斯兰极端组织"伊斯兰祈祷团"的成员，这一宗教组织与本·拉登的"基地"组织有牵连，经审讯，"伊斯兰祈祷团"企图袭击在新加坡樟宜军港停留的美国军舰。

新加坡和美国等国家认为海盗和恐怖主义可能互相勾结反动恐怖袭击。[1] 打击海盗行动成了国际打击海事恐怖主义，维护海上国际交通要道安全的重要内容。亚太地区国家开始积极介入打击海盗的行动。

2002 年 5 月，首届亚洲安全高峰会，又称"香格里拉对话"（Shangri-La Dialogue），在新加坡香格里拉饭店召开，亚太各国分管国防的高级官员聚集一起，探讨亚太地区安全问题，特别是海事安全问题。在 2004 的年会上，美国太平洋司令部司令托马斯·法戈（Thomas Fargo）提出了《区域海上安全计划》（Regional Maritime Security Initiative）。该计划拟向马六甲海峡派驻海军陆战队和特种部队，以防范恐怖主义、打击武器走私、毒品走私和海盗等犯罪活动。[2] 美国的《区域海上安全计划》得到新加坡的热烈欢迎，但印尼和马来西亚则坚决反对美国介入马六甲海峡的防务。[3]

面对"9·11"后国际形势的变化，马六甲海峡沿岸国政府加大了打击海盗的力度。2004 年 7 月，马来西亚、新加坡和印尼启动了"马新印海上巡逻行动"（MALSINDO），在马六甲海峡执行全年的巡逻任务。[4] 2005 年 5 月，新加坡海军和印尼海军在印尼巴淡岛建立了一个海上监视系统，采集和交换马六甲海峡最南端的新加坡海峡上的实时海上情况图像。[5] 同年 9 月，马来西亚、新加坡和印尼协同泰国发起了名为"空中之眼"

---

[1] Ralf Emmers, Non-Traditional Security in Asia – Pacific: The Dynamics of Securitisation (Singapore: Marshall Cavendish International, 2004).

[2] Admiral Thomas Fargo, Strategy for Regional Maritime Security (Hawii: U.S. Pacific Command2004).

[3] Global Security, Regional Maritime Security Initiative (cited 7 July 2006), available from http://www.globalsecurity.org/military/ops/rmsi.htm.

[4] AFP, Indonesia, Malaysia, Singapore Agree to Joint Malacca Strait Patrols ,Jakarta Post 30 June 2004.

[5] Graham Gerard Ong, Charting a Unified Course for Safer Seas ,The Straits Times, 25 June 2005.

（Eyes in the Sky）的空中巡逻行动，为"马新印海上协作巡逻行动"提供空中支援。[1]

此外，新、马、印三国还和亚太地区其他国家开展了一系列的海上演习。2004年6月，印尼与日本举行了打击海盗的联合演习，日本方面出动了隶属于横滨海上保安部的搭载有直升机的巡逻舰。同年8月15日，沿岸国和日本、美国等17个国家在新加坡以北160公里的公海上举行了一系列联合训练，训练的主要内容是防止非法船只运送危险物品。日本方面，海上自卫队的护卫舰和海上保安厅的巡逻舰参加了演练。经过几年的努力，东南亚的海盗案件明显减少。

第二节　日本打击海盗的行动

日本经济赖以生存的原料和能源，大部分需要通过海盗横行的东南亚海域，日本政府将海盗问题视为对其经济和能源安全的直接威胁。20世纪90年代，东南亚海盗猖獗，日本商船是主要的受害者，先后有 MV TENYU (1998)、MT GLOBAL MARS (2000)、ARBEY JAYA (2001) 和 MV ALONDRA RAINBOW (2002) 被海盗袭击。日本媒体借机大量报道日本商船在东南亚被海盗袭击的情况，为日本介入打击东南亚海盗的活动制造舆论。

1997年，日本建议亚洲国家成立常备多国海洋维持和平舰队（Standing Ocean Peacekeeping Fleet）在东南亚海域巡逻。日本建议亚洲国家派特遣队参加多国海洋和平舰队，维护海事安全。但是，日本的提议没有得到积极的反应。[2]

1999年11月，日本首相小渊惠三在马尼拉"东盟+3"会议上，建议日本海上警卫队（Japanese Coast Guard）和东南亚国家的海上执法部门联

---

[1] ABC News, Indonesian Navy Plans Fleet Expansion to Boost Maritime Security (ABC News Online, 12 Feb 2005, [cited 16 October 2005]); available from http://www.abc.net.au/news/newsitems/200502/s1301509. htm.

[2] Susumu Takai and Kazumine Akimoto, Ocean–Peace Keeping and New Roles for Maritime Force, NIDS Security Reports, No. 1 (March 2000): p.75.

合巡逻。相关亚洲国家组建区域性海上警卫力量,加强政府对船舶公司的支持,加强区域打击海盗的合作等。[1]

翌年,日本在东京主持召开了两次打击海盗的国际会议。来自 17 个亚洲国家海上执法机构的代表、船东协会和国际海事组织参加了会议。会议通过了三份文件:《亚洲打击海盗的挑战》(Asia Anti-Piracy Challenges 2000),表达与会者打击海盗国际合作的愿望。《东京呼吁》(The Tokyo Appeal)呼吁政府间交流打击海盗的信息,起草并批准国家行动计划。《行动计划的模式》(The Model Action Plan)建议相关国家和船主采取正确的手段预防和打击海盗。日本和菲律宾、马来西亚、新加坡和印尼达成双边协议,为这些国家提供打击海盗的培训。[2]

2000 年 11 月日本海上警卫队和印度、马来西亚海军开展海上打击海盗的联合训练。2001 年,日本再次建议成立地区性海上武装,地区海上武装力量组成的包括日本海上自卫队(Japanese Maritime Self Defence Force)参加的"海上联盟"(Maritime Coalition),相关国家仍然没有积极回应,再次拒绝了。[3]

2004 年 6 月,日本与印尼举行了打击海盗的联合演习,日本方面出动了隶属于横滨海上保安部的搭载有直升机的巡逻舰。同年 8 月 15 日,日本与美国等 17 个国家在新加坡以北的公海上举行了一系列联合训练,主要训练内容是防止非法船只运送危险物品。日本海上自卫队的护卫舰和海上保安厅的巡逻舰参加了演练。

2005 年日本防卫白皮书,专门讨论日本的海上通道安全问题,将马六甲海峡列为重中之重。日本为了加强对马六甲海峡海盗的打击力度,外务省预算中列入 4000 万日元的专项经费,用于承担新加坡的"信息共享中心"的运营费用。日本加大对马六甲海峡安全管理的资金投入,虽然有

[1] Nayan Chanda, Foot in the Water, Far Eastern Economic Review 163, No. 10 (9 March 2000).

[2] Bradford, Japanese Anti-Piracy Initiatives in Southeast Asia: Policy Formulation and the Coastal State Responses, p.491.

[3] Hideaki Kaneda, Japanese Maritime Strategy in the New Era, in Maritime Strategies in Asia, ed. Jurgen Schwarz, Bangkok: White Lotus Press, 2002.

着打击海盗的猖獗活动，确保日本船只安全的用意，但从地缘政治博弈来分析，可以清楚看到其联手美国遏制中国的战略真实意图。

第三节　美国打击海盗的政策

2007年6月13日，美国白宫发表了海事安全（海盗）政策的备忘录，名为《镇压海盗和其他形式的海上暴力犯罪的政策》（Policy for the Repression of Piracy and Other Criminal Acts of Violence at Sea），第一次明确阐明美国打击海盗的政策。该备忘录是美国国家海事安全政策的补充，旨在"在镇压海盗和其他形式的海上暴力犯罪的活动中与其他国家进行合作"。[1] 值得注意的是，备忘录明确将打击海盗和打击海事恐怖主义区分开来。

"9·11"事件后，美国对海上交通要道的安全特别关注。2004年3月，太平洋舰队司令美国海军上将托马斯·法戈（Thomas B. Fargo）在太平洋司令部在国会的年度报告中，公布了美国"地区海事安全动议"（Regional Maritime Security Initiative）。"地区海事安全动议"的目的是要"在现有国际法和国内法的框架下，发展与有意愿、能力不同的亚太地区国家的伙伴关系，共同认定、监控和拦截海上威胁"。[2]

美国的"海上威胁"包括海盗和海事恐怖主义。在此备忘录中，美国明确了海盗的定义："海盗行为是由私人船只上的船员或乘客，为满足私人目的而针对船只、飞行器、个人或是财产，在公海或任何国家的管辖范围之外，使用的任何暴力、扣押或是剥夺行为。海盗行为还包括煽动（Inciting）和为海盗提供方便的行为（facilitating），以及自愿参加知道其为海盗船的运作，海盗是一种世界性的犯罪，所有国家有义务合作，竭尽全

[1] Global Security, Regional Maritime Security Initiative (cited 7 July 2006), available from http://www.globalsecurity.org/military/ops/rmsi.htm.

[2] AP, Malaysia, U.S. To Discuss Port Security (USA Today, June 6th 2004 [cited 2 June 2006]), available from http://www.iiss.org/conferences/the–shangri–la–dialogue/press–coverage/press–coverage–2004,/usa–today–discuss–port–security.

力打击犯罪。"[1]

海盗要达成的"私人目的"（for the private ends）就说明，海盗与海上恐怖的"以政治为目的"（political end）不同，同时备忘录对海盗犯罪地点的定义，"在公海或任何国家的管辖范围之外"（on the high seas or in any other place outside the jurisdiction of any state），虽然美国不是《联合国海洋法公约》的缔约国，但这个定义与《联合国海洋法公约》第 101 条的规定相似，有利于与其他缔约国合作打击海盗。值得注意的是，备忘录中的海盗行为还包括煽动（Inciting）和为海盗提供方便的行为。这将打击海盗的范围扩大到陆地上为海盗提供后勤保障的人员。

备忘录指出，美国将和其他国家在打击海盗行动进行合作。具体体现在以下 7 个方面：1. 防止针对美国船只、人员和利益的海盗和其他形式的暴力攻击；2. 依照国际法、沿岸国和船旗国法律，阻止和终结海盗行为；3. 当美国利益受到直接影响时，消除海事领域的易受影响的脆弱因素；4. 为海盗的审判提供方便，确保海盗能被沿岸或船籍国可信的执法机构绳之以法，某些个案，由美国相关机构审判；5. 保持海上航行的自由，公海的自由；6. 保护海上交通线；7. 继续领导国际打击海盗和其他针对海事航行安全的海上暴力活动，敦促其他国家采取单方或通过国际努力参与行动。

备忘录在执行方面，提出了以下 4 点要求：1. 将打击海盗的政策融入"海事威胁行动反应计划"（Maritime Operational Threat Response Plan）；2. 监察美国政府打击海盗和其他危害海上航行安全的暴力的指南和议定书的进展情况；3. 重温美国现行的打击海盗的相关法规，如有必要，准备修订相关的法规，以加强在美国法庭审判海盗的能力；4. 以"国家海事安全和国际延伸和合作策略"（the International Outreach and Coordination Strategy of the National Strategy for Maritime Security）为指导寻求国际合作，加强其他国家镇压海盗和其他危害海上安全的暴力的能力，以支持美国打击海盗的

---

[1] The White House, Memorandum from the President , http://www.whitehouse.gov/news/releases/2007/06/20070614-3.html

行动。[1]

第四节　印度打击海盗的努力

印度一直野心勃勃谋求对印度洋的海上霸权，积极介入有关印度洋和马六甲海峡的打击海盗活动。近年来，印度在马六甲海峡的西部入口、孟加拉湾安达曼—尼科巴群岛，修建海军基地、部署重兵，并频繁举行军事演习。印度试图通过打击海盗，对马六甲海峡施加影响，阻止区外大国海军进入印度洋。

2002 年 10 月 22 日，"安隆德拉彩虹"号满载 7000 吨市值约 1000 万美元的铝锭，驶离印尼库阿拉港（KUALA TANJUNG）开往日本三池（MIIKE）港。船刚离开港口不远，即被一伙海盗劫持。10 月 29 日，海盗将 2 名日本籍和 15 名菲律宾籍船员赶到救生艇上，任其在海上漂流。10 天后，船员被一艘路过的泰国渔船救起。

国际海事局海盗报告中心向世界各港口以及行驶在亚洲地区船只，通报了"安隆德拉彩虹"号失踪的消息，发布该船的相关细节，要求相关人员注意该船的行踪。11 月 14 日，国际海事局收到了一名船长的目击报告，说在安达曼海发现疑似"安隆德拉彩虹"号的船。国际海事局马上通知了印度海岸警卫队，要求印度方面协助抓捕海盗。

印度海岸警卫队派遣了"多尼尔"（Domier）号巡逻艇，在距离邦纳尼（Ponnani）19 海里海域，发现一艘外观与"安隆德拉彩虹"号相似的船，但船名为 MEGA RAMA 号，悬挂伯利兹（Belize）国旗。国际海事局得到反馈，立即联系了伯利兹船籍注册部门，但查无此船记录。印度海岸警卫队确定该船就是被海盗劫持的"安隆德拉彩虹"号，印度海警开枪示警，试图拦截该船，未获成功。11 月 16 日，印度方面出动了轻型巡洋舰"普

---

[1] The White House, Memorandum from the President , http://www.whitehouse.gov/news/releases/2007/06/20070614-3.html

拉哈尔"号（NS Prahar），终于在距离果阿（GOA）170 海里处拦截了该船。[1]
船上的 15 名海盗，放火焚烧相关证据，并试图使该船沉没。印度海军及
时制止了海盗的行为，将船拖回孟买。海盗已经卸载卖掉了 3000 吨市值
450 万美元的铝锭。[2]

第五节　打击索马里海盗的国际合作

一、欧盟海军"亚特兰大行动"

2008 年 12 月 8 日，欧盟海军（The European Union Navel Force, EU-
NAVFOR）首次实施代号为"亚特兰大行动"（Operation Atalanta）的海上
联合行动。"亚特兰大行动"的期限原为一年。后来，根据形势的需要，"亚
特兰大行动"多次延期至今。2012 年 3 月，欧盟理事会将"亚特兰大行动"
计划的期限，延长到 2014 年 12 月。2010 年"亚特兰大行动"的经费为
840 万欧元，2011 年为 805 万欧元，2012 年到 2014 年的经费为 1400 万欧元，
经费由欧盟成员国分摊。"亚特兰大行动"允许非欧盟国家参与，挪威、
乌克兰、克罗地亚、黑山和塞尔维亚参加了该行动。[3]

"亚特兰大行动"的主要任务有：保卫联合国世界粮食计划署（World
Food Programme）向索马里等地运送人道主义援助的运粮船；保护非洲联
盟索马里行动（African Union Mission on Somalia，AMISOM）的船只；遏制、
逮捕、扣押索马里附近的海盗及其船只；保护海上通道安全，并根据需要
为特殊的船只护航；监控索马里海域的渔业资源。[4]

[1] ICC-IMB, Piracy and Armed Robbery against Ships Annual Report (1 January – 31 December 2002) (Essex:
ICC International Maritime Bureau, 2003), p.25.

[2] ICC-IMB, Piracy and Armed Robbery against Ships Annual Report (1 January – 31 December 1999) (Essex:
ICC International Maritime Bureau, 2000), pp.12–13.

[3] The European Union Navel Force, Operation Atalanta, http://www.eunavfor.eu/wp-content/
uploads/2011/08/20121001_Informationbroschure_english.pdf

[4] The European Union Navel Force, Operation Atalanta, http://www.eunavfor.eu/wp-content/
uploads/2011/08/20121001_Informationbroschure_english.pdf

"亚特兰大行动"指挥部设在英国的诺斯伍德（Northwood）。任务开始时有 11 艘军舰和 3 架飞机参加执行任务。2010 年，规模进一步扩大，共有 20 艘军舰和飞机参加，人数达到 1800 人。"亚特兰大行动"的范围在索马里领海、内水以及距海岸 500 海里海域、红海南部、亚丁湾和西印度洋部分地区，总巡航面积大约为 200 万平方海里海域。

"亚特兰大行动"启动以来，欧盟海军成功地实施了 163 航次的护航行动，帮助联合国世界粮食计划署将 943.253 吨粮食、大量的帐篷和毛毯等救灾物资，通过摩加迪沙（Mogadishu）、梅尔卡（Merka）、博萨索（Bossaso）和伯贝拉（Berbera）等港口安全地运进索马里，执行人道主义救援行动。此外，欧盟海军成功地护送了 126 航次的非洲联盟索马里行动的船只。[1]

二、"北约"海军行动

"北约"海军先后在索马里实施了"北约联盟提供者"（NATO Operation Allied Provider）、"北约联盟保护者"（Operation Allied Protector）和"海洋之盾行动"（Operation Ocean Shield）等行动。

2008 年 10 月 24 日到 12 月 13 日，"北约"海军应联合国安全理事会的第 1814、第 1816 和 1838 号的要求，保卫联合国世界粮食计划署向索马里等地运送人道主义援助的运粮船，以及在索马里海域打击海盗的行动。在此期间，北约海军护送了 3 万吨人道主义救灾物资安全地进入索马里。2008 年 12 月 1 日，欧盟"亚特兰大行动"启动后，"北约联军提供者"行动随即停止。[2]

2009 年 3 月 24 日到 6 月 29 日，北约海军执行"北约联盟保护者（Operation Allied Protector）行动。该行动由"北约常备海军集团–I"（Standing NATO Maritime Group 1）的军舰执行，负责亚丁湾打击海盗和维

---

[1] The European Union Navel Force, Operation Atalanta Key figures and Information, http://eunavfor.eu/press–2/downloads/

[2] NATO, Operation Allied Provider, www.manw.nato.int/page_operation_allied_provider.aspx.

护海上安全。2009 年 7 月 29 日之后，"北约常备海军集团 – Ⅱ"继续执行这项任务。

2009 年 8 月 17 日，北约理事启动"海洋之盾行动"取代"北约联盟保护者"行动。"海洋之盾行动"的任务是打击亚丁湾和索马里海域的海盗，向亚丁湾国家提供打击海盗的帮助。"北约常备海军集团 – Ⅱ"派遣 5 艘军舰与欧盟的"亚特兰大行动"和特混舰队（Combined Maritime Forces）在亚丁湾和"国际推荐的海上通道"（Internationally Recommended Transit Corridor）执行巡航任务。

三、美国主导的"多国海军特混舰队"

美国领导的"多国海军特混舰队"（Combined Maritime Forces）旨在维持亚丁湾、阿拉伯海、红海和印度洋部分海域的海上通道安全和海上秩序。多国舰队编队先后分为"多国海军特混舰队 –150"（Combined Task Forces–150，CTF–150）、"多国海军特混舰队 –151"（Combined Task Forces–151，CTF–151）和"多国海军特混舰队 –152"（Combined Task Forces–152，CTF–152）。

2008 年年底到 2009 年 1 月，"多国海军特混舰队 –150"在亚丁湾和印度洋巡逻，舰队由美国、丹麦和德国轮流指挥。舰队的任务是维持海事安全，以及打击亚丁湾和索马里的海盗。

2009 年 1 月，"多国特混舰队 –151"接替了"特混舰队 –150"，"多国特混舰队 –151"执行编队巡航、海上情报分享，与其他舰队协作巡逻等任务，其活动范围不受限制。参加"特混舰队 –151"的国家有澳大利亚、法国、加拿大、德国、意大利、巴基斯坦、韩国、新加坡、土耳其、美国和英国。[1]

---

[1] CTF151, CTF–151: Counter–piracy, http://combinedmaritimeforces.com/ctf–151–counter–piracy/

四、联合国索马里海盗联络组

2009 年，根据联合国安理会第 1851 号决议，在联合国秘书处和国际海事组织协助下，国际"索马里海盗问题联络组"（Contact Group on Piracy off the Coast of Somalia）正式成立，以促进各国讨论和协商有关打击索马里海盗的事宜。目前，有包括中国在内的 60 多个国家参与该联络组。该联络组下设 5 个工作组：第一组，负责促进各国军事合作和能力建设；第二组，负责打击海盗的法律事务；第三组，协助航运业加强对海上情况的了解，提高安全意识；第四组，协调与海盗有关的公共事务；第五组，负责监控金融网络，阻止资金流入海盗手中。[1]

五、独立的巡航舰队

印度、日本、俄罗斯和中国分别派遣了舰队到亚丁湾打击海盗。2008 年，在索马里和亚丁湾巡航的海军，以自愿为原则成立了非正式的国际军事组织——"共享觉知和降低冲突协会"（The Shared Awareness and Deconfliction, SHADE）。该组织成员国每周在巴林（Bahrain）举行例会，交流和分享工作层面的反海盗经验。起初，成员国仅限于欧盟、特混舰队和北约海军，后来，独立的护航舰队印度、日本、俄罗斯和中国也加入，目前已有近 30 个国家参加该组织的会议。

---

[1] CGPCS, Structure, http://www.thecgpcs.org/about.do?action=structure

第六章　国际合作打击海盗存在的问题

　　国际合作打击索马里海盗存在许多问题，突出表现在缺乏有效的国际合作机制。索马里海域和亚丁湾打击海盗的行动，目前主要依靠多国海军的巡逻，多国海军虽然通过"索马里海盗问题联络组"和"共享觉知和降低冲突协会"等组织进行合作，但是各国的信息共享和协调行动仍然受到限制，不利于有效地打击海盗。

第一节　打击海盗的法律问题

目前与打击海盗有关的国际法和安理会决议，主要有《联合国海洋法公约》《1988 年制止危及海上航行安全非法行为公约》《1988 年制止危及大陆架固定平台安全非法行为议定书》、联合国安理会通过的有关国际合作打击海盗第 1814(2008) 号、第 1816(2008) 号、第 1838(2008) 号、第 1844(2008) 号、第 1846(2008) 号以及第 1851(2008) 号决议。

一、国际法

《联合国海洋法公约》第 100 条，规定了缔约国合作制止海盗行为的义务："所有国家应尽最大可能进行合作，以制止在公海上或在任何国家管辖范围以外的任何其他地方的海盗行为。"第 105 条规定："在公海上，或在任何国家管辖范围以外的任何其他地方,每个国家均可扣押海盗船舶、飞机或为海盗所夺取并在海盗控制下的船舶或飞机，和逮捕船上或机上人员并扣押船上或机上财物。扣押国的法院可判定应处的刑罚，并可决定对船舶、飞机或财产所应采取的行动，但受善意第三者的权利的限制。"第 110 条，规定了军舰对有从事海盗行为的船舶具有登临权；第 111 条，规定了沿海国主管当局有权对外国船舶违反该国法律和规章进行"紧追"(Hot Pursue)。《联合国海洋法公约》有关海盗的条款，仅适用于打击以经济为目的的海盗行为，不涉及以政治为目的的海盗行为。

1985 年，巴勒斯坦恐怖分子劫持 "ACHILLE LAURO" 号游轮的乘客为人质，要求以色列释放在押的 50 名巴勒斯坦囚犯。"ACHILLE LAURO" 号事件促成了《1988 年制止危及海上航行安全非法行为公约》和《1988 年制止危及大陆架固定平台安全非法行为议定书》的签订。这两部国际法将在船上和固定平台上的犯罪也列入海盗行为,有利于打击海上恐怖分子。

《1988 年制止危及海上航行安全非法行为公约》和《联合国海洋法公约》相比，登临权适用范围的扩大，除公海以外，也适用于航行于或将进入一国的专属经济区、毗连区、国际海峡和群岛水域等。公约规定缔约方必须对海盗定立罪名，确立管辖权，接收、移交的责任人或嫌疑人。

二、联合国安理会决议

为了更有效地打击海盗，安理会通过一系列打击海盗的决议。2008年6月2日，安理会通过有关打击海盗国际合作的1816(2008)号决议，第7条明确指出："决定自本决议通过之日起为期6个月内，在过渡联邦政府事先知会秘书长的情况下，同过渡联邦政府合作打击索马里沿海海盗和武装抢劫行为的国家可：(a)进入索马里领海，以制止海盗及海上武装抢劫行为，但做法上应同相关国际法允许的在公海打击海盗行为的此类行动相一致；(b)以同相关国际法允许的在公海打击海盗行为的行动相一致的方式，在索马里领海内采用一切必要手段，制止海盗及武装抢劫行为。"[1]

2008年10月7日，联合国安理会通过第1838（2008）号决议，敦促有能力的国家与索马里过渡政府合作，打击海盗和武装抢劫行为，并重申决议的各项规定仅适用于索马里,强调不得将该决议视作确立习惯国际法，以防该决议被滥用于侵犯他国主权。[2]

2008年11月20日，联合国安理会通过第1844（2008）号决议，关注海盗行为在资助武装团体从事军火禁运方面的作用，重申所有成员国要遵守军火禁运的规定。2008年12月2日,联合国安理会通过第1846(2008)号决议，将上述1816号决议第7条的期限延长12个月。决议欢迎欧盟

---

[1]《联合国安理会第1816（2008）号决议》，2008年6月2日，联合国安理会（http://www.un.org/chinese/aboutun/prinorgs/sc/sres/08/s1816.htm）。

[2]《联合国安理会第1838（2008）号决议》，2008年10月7日，联合国安理会（http://www.un.org/chinese/aboutun/prinorgs/sc/sres/08/s1838.htm）。

2008 年开展为期 1 年的"亚特兰大行动"。[1]

2008 年 12 月 9 日索马里总统致函联合国安全理事会,"要求国际社会协助过渡联邦政府采取一切必要措施,制止那些利用索马里领土和领空策划、协助或从事海盗行为和海上武装抢劫行为者"。2008 年 12 月 16 日,联合国安理会应索马里总统的要求,通过了 1851 号决议,授权参与打击索马里沿岸海盗的国家,部署军舰和军用飞机,扣押和处置在索马里沿岸从事海盗行为和海上武装抢劫行为的船只、舰艇、武器和其他相关装备;在征得索马里过渡联邦政府的同意后,允许在第三国起诉海盗;鼓励在索马里沿岸打击海盗和海上武装抢劫行为的所有国家和区域组织,建立一个国际合作机制,作为各国沟通的联络点;建议在索马里沿岸打击海盗和海上武装抢劫行为的所有国家和区域组织,在该区域成立一个中心,以便协调有关索马里沿岸海盗和海上武装抢劫行为的信息。

安理会 1851 号决议指出,过渡联邦政府在根除海盗和海上武装抢劫行为方面负有首要责任,决定从第 1846(2008) 号决议通过之日起 12 个月内,"可以在索马里境内采取一切必要的适当措施,镇压海盗行为和海上武装抢劫行为,不过条件是根据本段的授权所采取的任何措施都应符合适用的国际人道主义法和人权法。"[2]

联合国安理会从第 1816 号决议开始,授予打击海盗的国家越来越大的权利:第 1816 号授权打击海盗的国家和组织可以进入索马里领海,以制止海盗及海上武装抢劫行为,这就放宽了根据现有国际法不能进入他国领海打击海盗的限制。根据现有国际法不能进入他国领海打击海盗,是多国海军在索马里打击海盗的主要法律障碍,如 2006 年 4 月,荷兰军舰"De Zeven Provincien"号和美国军舰 "Roosevelt"试图营救被海盗劫持的韩国渔船 "MV Dong Won 628",但是海盗已经将船和人质劫持到索马里领海,

---

[1] "联合国安理会第 1844(2008) 号决议",2008 年 11 月 20 日,联合国安理会(http://www.un.org/chinese/aboutun/prinorgs/sc/sres/08/s1844.htm)。

[2]《联合国安理会第 1851(2008) 号决议》,2008 年 12 月 16 日,联合国安理会(http://www.un.org/chinese/aboutun/prinorgs/sc/sres/08/s1851.htm)。

根据国际法，外国军舰未经沿岸国允许不能进入沿岸国领海，这两艘军舰只能放弃追逐。许多海盗将劫持的船只，驶进"海盗天堂"伊尔港，外国军舰无能为力。[1]

第1851号决议授权打击海盗的国家和组织，扣押海盗并在第三国起诉海盗，史无前例地授予打击海盗的国家和组织可以在索马里境内包括陆地，镇压海盗，以便从陆地上根本上解决海盗问题。但是，目前多国海军没有在索马里陆地实施打击海盗的计划。

第二节　国际合作打击海盗的执法问题

国际合作打击索马里海盗存在许多问题，突出表现在缺乏有效的国际合作机制。索马里海域和亚丁湾打击海盗的行动，目前主要依靠多国海军的巡逻，多国海军虽然通过"索马里海盗问题联络组"和"共享觉知和降低冲突协会"等组织进行合作，但是各国的信息共享和协调行动仍然受到限制，不利于有效地打击海盗。今后努力的方向应是效仿上述亚洲16个国家签订的《ReCAAP协定》，建立政府间打击海盗的信息分享机构，协调各国的行动，共享打击海盗的情报。

此外，由于过往索马里海域和亚丁湾的商船众多，即使有本国军舰护航也无法覆盖所有的船只，海盗经常避开有军舰护航的商船，寻找容易下手"猎物"作案。索马里海盗作案具有隐蔽性和突发性，受袭的商船即使立即向附近军舰发出求救信号，军舰闻讯赶到时，往往来不及制止海盗的攻击行为。一旦海盗登上船，将船员当成人质盾牌布置在甲板上，外国海军虽然武器装备精良，考虑到船上人质的安全，一般不敢贸然向海盗发起攻击，外国海军经常无奈地目送海盗将劫持的船只开往海盗控制的港口。军舰的巡逻只能在某种程度上遏制海盗，无法根本地解决索马里海盗问题。

---

[1]《欧盟正式批准在索马里海域打击海盗的军事行动》，2008年11月11日，新华网：（http://news. xinhuanet.com/world/2008-11/11/content_10338181.htm）。

第七章　当代中国打击海盗的历史

中国沿海地区历史上饱受海盗侵扰，如明代嘉靖年间的倭寇以及清代广东海盗等。民国时期，虽然零星的海盗袭击从未停止过，但是大规模海盗活动基本绝迹。新中国成立后，20 世纪 50 年代到 80 年代，海盗案件鲜见于报章。一直到 20 世纪 90 年代，中国实施改革开放政策后，国际贸易飞速发展，海上物流量剧增，海盗案件也逐渐增多。当代中国打击海盗的行动，可分为三个历史时期："反走私时期"（1994—2002 年）、"反恐时期"（2002—2008 年）和"护航时期"（2009 年至今）。

第一节　"反走私时期"

"反走私时期"起止时间从 20 世纪 90 年代到 2001 年 "9·11" 事件前。20 世纪 90 年代，中国国内的石油等商品的价格远高于国际市场价格，中国东南沿海的不法分子，与东南亚海盗勾结，在海上劫持油轮，将抢夺来的石油走私进入中国市场牟取暴利。南中国海的"香港—吕宋—海南岛"的三角地区海域，成了海盗的销赃地区。[1]

1998 年 4 月 16 日，马来西亚油轮 "Petro Ranger" 号满载汽油和柴油从新加坡起航驶往越南。不久，"Petro Ranger" 号在南中国海海域遭遇一伙印尼海盗袭击。海盗控制了油轮，将 22 名船员囚禁在船舱内。海盗在海上用油漆粉刷船体，改变了船的外观，将船更名为 "Wilby" 号，悬挂洪都拉斯国旗。在 "Wilby" 号的随船文件中，海盗们是该船的正式船员。

海盗驾驶该船驶往中国海南岛附近海域，将船上的汽油和柴油，卸载给前来接货的中国走私船。中国海警截获了正在卸货作业的海盗船和走私船。中国海警登上海盗船时，船上发生了戏剧性的一幕，被海盗关押在舱内的 "Petro Ranger" 号船长 Ken Blyth，挣脱了绳索，冲出船舱向中国海警报案。中国海警调查核实情况后，逮捕了船上的海盗，释放了其他被扣押的船员。中国警方以走私罪逮捕了海盗，没收了海盗的赃物，将海盗遣送回国接受审判。[2]

事后，"Petro Ranger" 号的船东强烈抗议中国政府处理此案的方法，认为中国应该归还货主罚没的石油和柴油等货物，中国政府要以海盗罪将不法分子绳之以法等。当时一些国外媒体乘机造势，诬蔑中国政府支持海

---

[1] Jayant Abhyankar, Piracy and Armed Robbery against Ships: An Overview,paper presented at the SEAPOL Inter-regional Conference Bangkok, March 21–23, 2001,2002.

[2] Captain Ken Blyth and Peter Corris, Petro Pirates: the hijacking of the Petro Ranger, (Australia: Allen & Unwin, 2000), p.161.

盗行为，中国政府面临了巨大的国际舆论压力。[1]

　　1998 年之后，中国公安机关开展了一系列打击海上犯罪的执法行动，成功地破获了"长胜"号"天裕""露易莎""海的主人""SIAM XANXAI"等货轮被海盗劫持案件。1999 年 6 月，广西、广东省公安机关在防城港、汕头南澳岛海域，查获 2 艘被海盗抢劫的货船，抓获外国籍犯罪嫌疑人 24 名。中国各级法院对抢劫"长胜"号轮、"露易莎"轮等案件进行审判，分别对 54 名海上抢劫犯罪分子处以刑罚，有力地打击了国际海上犯罪分子的嚣张气焰，遏制了南中国海的"香港—吕宋—海南岛"的三角地区海域的海盗犯罪活动。[2]

"长胜"号事件

　　1998 年 11 月 16 日，香港惠博船务公司与下属的 1.6 万吨"长胜"号及船上的 23 名中国籍船员失去联系，在海上神秘失踪。中国海事组织未接收到"长胜"号的卫星求救信号，推断"长胜"号可能遭受海盗袭击。中国警方将该案列为"9901"重大案件，提请中国海军、空军部队及边防海警部队，派出飞机和舰艇进行海空联合搜索，通报国际刑警、国际海事组织及东南亚沿海各国警方协查。

　　1998 年 12 月 2 日上午，广东揭阳市公安局接到广东惠来县渔民报案称，在海上捕鱼时，打捞到一具被五花大绑的尸体，尸体的嘴和眼被封箱胶带捆住，身上还挂着沉重的铁块。12 月 2 日至 22 日，汕尾市公安局也陆续接到报案，先后有渔民在东经 116° 40′、北纬 22° 20′海域上打捞出 9 具尸体。这些尸体捆绑的手法和沉尸方式基本一致。经广东省公安厅刑侦局法医鉴定，死者均为"长胜"号失踪船员。"9901"案件定性为一起特大的海盗杀人劫船案。

[1] Neil Renwick and Jason Abbott, Piratical Violence and Maritime Security in Southeast Asia, Security Dialogue 30, No. 2 (1999): p.186.

[2] 周军、夏晓露、潘莹斌：《广东成功破获国际海盗杀人劫船案》，《解放日报》1999 年 10 月 15 日。

案件回放。 1998 年 11 月 16 日，在主犯翁泗亮的指使下，贾宏伟等 18 名海盗，穿着仿制的武警边防制服，开着冒充公安的缉私艇在北纬 22°20′，东经 118°49′的海域，发现悬挂着巴拿马国旗的"长胜"号货轮。海盗鸣枪追赶货轮，以"查私"为名，登上了"长胜"号。海盗上船后，洗劫了船员的财物，将 23 名中国籍船员戴上了手铐押到甲板上"审查"。由于海盗无法与在陆地上遥控的主犯翁泗亮联系，只好驾驶"长胜"号在福建至广东沿海漂游了 7 天时间。

11 月 23 日，"长胜"号终于靠岸，主犯翁泗亮得知"长胜"号上装的是 1.4 万吨不值钱的炉渣，决定杀人卖船。11 月 24 日晚 11 点左右，海盗动手将船员五花大绑，用封箱胶带捆住眼睛和嘴巴，先用木棍击昏，再绑上铁块等重物，沉入大海。屠杀持续了 11 个小时，23 名无辜的中国籍船员被残忍杀害。11 月 25 日中午，翁泗亮派船将海盗接上岸，由甲子港上岸返回深圳。"长胜"号以 34 万美元卖给某国人"罗杰"。 主犯翁泗亮将 98 万元交给贾宏伟与其他 18 人分赃。

主犯翁泗亮，广东汕尾人，自从部队复员后，便不务正业，在汕尾海域勾结一帮不法人员从事不法活动。 1998 年,翁泗亮指挥抢劫"长胜"号，将 23 名船员杀害后，在外潜逃长达 8 个月。1999 年 8 月 15 日，翁泗亮在广东惠来县落网，此前 54 名涉案嫌疑人已先后被捕。

1999 年 12 月 22 日上午，广东省汕尾市中级人民法院对案件做出一审判决：以故意杀人罪、抢劫罪并罚，判处翁泗亮死刑，并处没收财产；以故意杀人罪、抢劫罪、私藏枪支弹药罪并罚，判处印尼人索尼·韦死刑，并处没收财产；贾宏伟等 11 人也分别被判处死刑，并处没收财产；以抢劫罪判处朱友胜有期徒刑，并处没收财产；其他 24 人亦分别受到刑事处罚。此案的成功破获与审判，表明了中国政府打击国际海上犯罪、维护海上安全决心。 2000 年之后，东南亚海盗改变了"幽灵船"的作案方式，不再将中国作为主要的销赃的地区，以抢夺过往商船的现金和财物为主。[1]

---

[1] Keyuan Zou, Piracy at Sea and China's Response, Lloyd's Maritime and Commercial Law Quarterly, 2000.

第二节　"反恐时期"

　　"反恐时期"从 2001 年"9·11"事件之后，到 2008 年 12 月 26 日中国政府派遣护航舰队到亚丁湾为中国船只护航。"9·11"恐怖袭击事件，是国际打击海盗行动的转折点。海盗可能与恐怖分子勾结发动海上恐怖袭击，危害海上战略通道的安全，因此，打击海盗行动、保护海上战略通道安全，成为国际打击海事恐怖主义的重要内容。

　　2002 年 11 月 4 日，中国和东盟签署了有关非传统安全方面合作的备忘录，其中包括打击海盗的国际合作。2003 年 6 月 19 日，东盟地区论坛（ASEAN Regional Forum）通过《打击海盗和其他危害海上安全活动的声明》（以下简称《声明》）指出：海盗和海上恐怖分子对脆弱的海上航运存在潜在威胁；鼓励东盟地区论坛成员国加强双边和多边海上的合作，增加人员信息交流；以尊重各国领土完整、主权和管辖权为原则，自愿参与打击海盗有关的国际公约。

　　《声明》呼吁东盟地区论坛，审议和讨论有关海军与海岸警卫队护送超级油轮提议；向需要帮助的国家提供必要的法律、培训设备、技术援助；加强沿岸国海上能力建设，提高东盟区域论坛参加者，分享打击海盗和武装抢劫信息的能力。《声明》特别强调，要建立一个区域合作性打击海盗和海上武装抢劫的法律框架。[1]《声明》的原则很快在亚洲地区得到落实。

　　2004 年 11 月 11 日，东盟 10 个成员国、中国、日本、韩国、印度、孟加拉国和斯里兰卡等 16 国政府，签订了《亚洲地区打击海盗和海上武装抢劫区域合作协定》（Regional Cooperation Agreement on Combating Piracy and Armed Robbery against Ships in Asia, ReCAAP），简称为《ReCAAP 协定》。[2]《ReCAAP 协定》确立了"合作安排"（Cooperation Arrangement）、"能力建

---

[1] ARF, ARF Statement on Cooperation against Piracy and Other Threats to Security (ASEAN Regional Forum, 2006 [cited 16 May 2006]), available from: http://www.aseansec.org/14838.htm.

[2] 参阅《亚洲地区打击海盗和海上武装抢劫区域合作协定》信息分享中心的网站：www.recaap.org.

设"(Capability Building) 和 "信息共享"(Information Sharing) 这打击海盗的三大原则。《协定》基本上实现了 2003 年东盟地区论坛的《声明》中的建议。

2006 年 11 月，《ReCAAP 协定》生效。亚洲成员国根据《ReCAAP 协定》条款，在新加坡成立了政府间的国际组织 "信息分享中心"（ReCAAP Information Sharing Centre）。"信息分享中心" 负责与各成员国的 "联系点"（Focal Point）联络。各国联系点向 "信息分享中心" 汇报各国的海盗情报，这些情报经过核实，信息比较准确。同时，各国联系点还可以根据需要，指示相关的执法部门对海盗案件进行调查、取证，以及追捕逃亡的海盗等行动。"信息分享中心" 除了收集和分析亚洲地区发生海盗和海上武装抢劫案件之外，还负责协调各国打击海盗的行动。[1] 中国政府派遣了官员常驻新加坡 "信息分享中心" 协调、指导中心的相关工作。[2]

令人遗憾的是，马来西亚和印尼至今还未批准《ReCAAP 协定》。马来西亚和印尼两国担心加入《ReCAAP 协定》后，由于情报共享机制，马来西亚和印尼对马六甲海峡地区的主权会被削弱。目前，马来西亚和印尼通过与新加坡的双边合作渠道，间接为 "信息分享中心" 提供资料。

随着中国经济的高速发展，国内对石油等能源和原材料的进口量日益增大，中国逐渐认识到海上战略通道对中国国家安全的重要性。有学者指出中国面临所谓的 "马六甲困局"，即中国能源安全受制于马六甲海峡的安全，中国缺乏有效的掌控马六甲海峡的能力。特别是 "9·11" 事件之后，中国的海上战略通道，面临恐怖分子的潜在威胁，美国和马六甲海峡沿岸国家也认识到问题的严重性。

为了保护海上通道的安全，中国政府积极参与马六甲海峡沿岸国和区域组织打击海盗的国际合作。此时，马六甲海峡沿岸国利用国际反恐为契机，提出了马六甲海峡 "费用分摊方案"（Burden Sharing Scheme），即马六甲海事利益攸关方，分摊马六甲海峡的管理费用，以加强马六甲海峡海事

---

[1] Keyuan Zou, Piracy at Sea and China's Response, Lloyd's Maritime and Commercial Law Quarterly,2000.
[2] Ibid.

安全和环境保护。

2005 年到 2007 年，在国际海事组织的主持下，马六甲海峡沿岸国和国际利益攸关方在印尼巴淡岛、马来西亚吉隆坡和新加坡，先后召开三次有关马六甲海峡会议。

在 2006 年吉隆坡会议上，马六甲海峡沿岸国提交了 6 项有关马六甲海峡航行安全的方案，希望与会方资助。中国政府自愿资助印尼重建在印度洋海啸中受损的灯塔等航海设备的工程。在 2007 年新加坡会议上，与会国通过建立国际"马六甲海峡安全合作机制"（Cooperative Mechanism）以协调马六甲海峡的利益攸关方的行动。与会国同意马六甲海峡利益攸关方，以自愿的原则为马六甲海峡的安全和环境保护做出应有的贡献。

中国在"反恐时期"打击海盗方面的行动，主要是在《ReCAAP 协定》的框架下，参与国际合作行动。中国派驻官员常驻新加坡"ReCAAP 信息分享中心"参与中心的日常工作。中国通过总部设在北京的中国海上搜救中心和香港特别行政区海事处与"信息分享中心"联系，分享海盗情报、协调打击海盗的行动等。

第三节　"护航时期"

一、中国船只和船员的受害情况

2005 年起，中国船只和船员连续遭受索马里海盗袭击及劫持。2005 年 8 月 16 日，中国台湾三艘渔船 "ZHONG I NO.218"、"CHENG QING FENG" 和 "SHIN LIAN FA No.36" 相继在吉斯马由港（Kismayo）锚地被索马里海盗劫持。2005 年 11 月 5 日，香港散装轮 "Great Morning" 在索马里东部海岸，遇到一艘海盗船追逐，幸好早发现得以摆脱。[1]2007 年，

---

[1] IMB, Piracy and Armed Robbery against Ships, Annual Report (1 January –31 December 2005), ICC International Maritime Bureau, 2006. p. 53, p.69.

台湾渔船"庆丰华168"号被索马里海盗劫持，人质被关押在哈拉迪热港，经过漫长的谈判，船东缴付赎金后，海盗才放人。2006年4月4日，韩国"东源628号"渔船在索马里附近海域被劫持，船上有三名中国籍船员。2007年4月18日，台湾"庆丰华168"渔船被索马里海盗劫持，5月25日，船东与海盗谈判陷入僵局，一名辽宁抚顺籍船员被海盗开枪打死。2007年5月15日，两艘分别名为"Mavuno1"号和"Mavuno2"号悬挂坦桑尼亚国旗的韩国籍渔船被海盗劫持，两艘船共有10名中国人。2008年9月17日，隶属于中国对外贸易运输总公司香港某子公司的一艘货轮被海盗劫持，船上有24名中国船员。2008年，被劫持的还有香港货轮"Stolt Valo"号和"Great Creation"号、"Delight"号和中国运输船"振华4号"等船。[1]

表7-1　中国船只受海盗袭击情况（2005—2011）

	2011	2010	2009	2008	2007	2006	2005
中国大陆	12	9	8	12	12	3	3
香港特别行政区	27	16	20	10	10	12	16
台湾地区	2	9	4	3	3	1	3
总计	41	34	32	25	25	16	22

"天裕8号"案件

"天裕8号"是一艘金枪鱼低温延绳钓渔船，载重量570吨，属于天津远洋渔业公司。2008年11月14日凌晨2时，"天裕8号"在肯尼亚东部拉穆岛附近渔场作业时，遭遇携带榴弹发射器和自动武器的索马里海盗劫持。船上有中国籍船员16名（含1名中国台湾船员）和8名日本、菲律宾和越南等国船员，海盗将船员驱赶到前甲板为人质，以防止多国海军营救。海盗驾驶"天裕8号"开往索马里海域。

---

[1] International Maritime Bureau., Piracy and Armed Robbery against ships: Reports for the period 1 January –30 September 2008 ICC International Maritime Bureau, 2008, p.29.

"天裕8号"被劫持后，中国政府高度重视，外交部、农业部指导中国驻肯尼亚、埃塞俄比亚、吉布提等国使馆和有关企业积极开展营救工作，确保被劫船员安全。天津市政府成立了应急工作小组，由天津市政府、天津市水产局、天津远洋渔业公司等部门派专人组成，配合外交部协调处理此事。经过86天的艰苦谈判和营救工作，2009年2月8日17时左右，"天裕8号"全体船员和船安全获救。中国海军赴亚丁湾护航编队护送该船至安全海域，使其尽快安全回国。[1]

二、中国海军护航舰队

为了保护中国船只的安全，2008年12月26日，中国政府派遣海军护航舰队到索马里和亚丁湾海域为中国船只护航，开启了打击海盗的新时代。这是中国海军首次开赴印度洋维护国家战略利益，履行国际人道主义义务，保护中国海上通道安全。[2]

中国海军护航第一编队由"武汉"号导弹驱逐舰、"海口"号导弹驱逐舰和"微山湖"号综合补给舰以及2架舰载直升机组成，2008年12月26日下午，从海南省三亚军港启航赴亚丁湾、索马里海域执行护航任务。舰队军舰共有官兵880余名，包括部分海军特战队员。[3] 中国海军的护航是免费的，主要对象是中国或中资公司的船只，港、澳、台船只也可以申请护航。[4]

截至2013年，中国海军已经执行了13批护航舰队任务，中国海军护航编队在护航中锻炼了队伍，积累了宝贵的经验，在多个方面实现了首次

[1]《连线天裕8号 中国船员讲述海上惊魂86天》，2009年2月11日，北方网（http://www.enorth.com. cn）。

[2]《中国海军护航编队今日赴索》，2008年，人民网（http://military.people.com.cn/GB/8221/72028/141596/ index.html）。

[3]《中国海军护航编队今日赴索》，2008年，人民网（http://military.people.com.cn/GB/8221/72028/141596/ index.html）。

[4]《海军免费护航、港澳台可申请》，2008年12月26日，香港大公报（http://paper.wenweipo. com/2008/12/25/CH0812250014.htm）。

突破。2009 年 6 月 21 日至 7 月 1 日，中国海军第二批护航编队 3 艘舰艇分别在阿曼塞拉莱港，进行为期 3 天的轮流靠港补给休整，这是中国军队首次成建制在国外靠港补给休整。2009 年 9 月 18 日，中国海军第三批护航编队与俄罗斯海军护航编队，举行了代号为"和平蓝盾—2009"的海上联合反海盗演练，这是中国海军护航编队首次在任务海域与外军进行联合军演。2011 年 3 月 22 日，中国海军第八批护航编队"马鞍山"舰，为世界粮食计划署运送人道主义救援物资的"阿米娜 V2"轮护航，3 月 24 日安全抵达索马里博萨索港海域，这是中国海军护航编队首次为世界粮食计划署船只护航。2012 年 9 月 17 日，中国海军第 12 批护航编队和美国海军在亚丁湾进行联合打击海盗演习，中国参加演习的军舰是"益阳"号护卫舰，美国驱逐舰"丘吉尔"号充当海盗船。两国海军组成一支战斗队，演练了登船、搜查及抓捕行动。美国"丘吉尔"号舰长称，中美这次联合演练展示了国际社会合作打击海盗的决心。[1]

在"护航时代"，中国海军直接参与打击海盗，与以往打击海盗行动有了本质的区别。但是，中国海军远航打击海盗，面临的挑战也非常多。主要的挑战来自两方面的问题：中国海军的远洋投射能力以及后勤保障问题，详见下一章。

---

[1]《中美海军举行首次联合反海盗演习》，2012 年 9 月 19 日，国际在线（http://gb.cri.cn/1321/2012/ – 09/19/6491s3856589.htm）。

第八章　海盗与中国海上通道安全

印度洋连接四大洲和两大洋，紧扼霍尔木兹海峡、马六甲海峡、曼德海峡等海上交通咽喉，战略位置非常重要。中国从海外进口的石油、天然气等能源，大部分需要通过印度洋海上通道运回国内。印度洋海上通道的安全，很大程度上决定了中国的能源安全与国家安全。

第一节　中国能源与印度洋的海上交通要道

中国进口的能源主要有石油、天然气和煤。中国从 1993 年开始成为石油的净进口国。中国进口的石油 80% 以上来自印度洋周边地区。根据中国海关总署的数据，2011 年中国总计进口原油 2.53779 亿吨，同比增长 6.05%。其中，从沙特进口原油 5027.77 万吨、安哥拉 3114.97 万吨、伊朗 2775.66 万吨、俄罗斯 1972.45 万吨、阿曼 1815.32 万吨、伊拉克 1377.36 万吨、苏丹 1298.93 万吨、委内瑞拉 1151.77 万吨、哈萨克斯坦 1121.10 万吨、科威特 954.15 万吨。[1]

随着中国经济的高速发展，对能源的消耗量越来越大，预计 2030 年中国的石油消费总量要超过美国。[2]

大宗的石油进口可以通过海运、输油管、铁路等方式运输。据估计，用油轮海上运输的成本，大约是 USD0.163 桶 / 千公里；输油管道运输的成本是 USD0.793 桶 / 千公里；用火车的运输成本是 USD7.19 桶 / 千公里。[3]由此可见，海上运输的成本大大低于其他运输方式，因此，石油等大宗能源物资一般通过油轮海上运输。

根据海上运输通道的特点，油轮建造时分为多个级别，例如，可通过巴拿马运河的 PANAMAX 级【60000~80000 DWT（载重吨）】，可通过苏伊士运河的 SUEZMAX 级（120,000~200,000 DWT），还有吨位在 200000~315000 DWT 的大型油轮（Very Large Crude Carrier，VLCC）和吨位在 320000~550000 DWT 的超大型油轮（Ultra Large Crude Carrier，ULCC）等，船装载石油越多，运输成本越低。

2010 年，中国液化天然气进口量为世界总量的 4.3%；中国天然气的

[1]《2011 年中国十大原油进口国一览》，2012 年 1 月 30，国家石油化工网（http://www.cpcia.org.cn/html/45/20121/982666265.html）。

[2] Bob Dudley, BP Energy Outlook 2030, London: BP, January 2011.p.33.

[3] Bernard D. Cole, Sea Lanes and Pipeline: Energy Security in Asia, Westport, Conneticut & London: Praeger Security International, 2008,P.1

来源主要是澳大利亚、印度尼西亚、马来西亚和阿曼。中国对液化天然气的需求量很大，2010 年比 2009 年增加 40%，今后还会逐年增加。天然气的海上运输是通过液化天然气船（LNG Ship），这些船的造价是普通油轮的 4~5 倍，大约可以容纳 50,000 到 120,000 立方米的天然气。

中国进口的煤炭主要来自印尼、澳大利亚、越南、蒙古和俄罗斯等国。2010 年，来自这五个国家的煤炭进口总量达到 12,312 万吨，其中印尼的煤炭进口量达到 4,985 万吨、蒙古 1,432 万吨、澳大利亚 3,277 万吨、越南 1,579 万吨、俄罗斯 1,039 万吨。[1] 煤炭主要由各类专门的散装船来运输，吨位从 40,000 DWT 到 80,000 DWT 不等。

中国从海外进口的石油、天然气等能源，大部分需要通过印度洋海上通道运回国内。

中国通过印度洋海上运输线主要有三条：波斯湾—霍尔木兹海峡—阿拉伯海—孟加拉国湾—马六甲海峡—南中国海；北非—苏伊士运河—红海—亚丁湾—阿拉伯海—孟加拉国湾—马六甲海峡—南中国海；非洲—好望角—印度洋—马六甲海峡（龙目海峡）—南中国海。由于马六甲海的深度有限，载重超过 230000 DWT 的油轮，必须取道龙目海峡进入南海，航程需要增加 956 海里。[2]

所谓的能源安全，是"一个国家，在任何时候，能以适当的价格，获得所需数量的能源"。[3] 中国能源依靠进口的比率逐年上升，进口的能源大部分来自印度洋沿岸。考虑到运输成本，目前大部分中国进口能源通过印度洋海上通道来运输。印度洋的海上通道安全，直接影响到中国能源的安全。

[1] 李廷：2011 煤炭进出口预测及 2010 回顾，中国煤炭工业网 (http://www.chinacoal.org.cn/coaljjyx/858/18868.aspx)。

[2] Bernard D. Cole, Sea Lanes and Pipeline: Energy Security in Asia (Westport, Conneticut & London: Praeger Security International, 2008), p.77.

[3] United Nation Development Program, World Energy Assessment (New York: UNDP, 2000).

第二节　印度洋海上通道安全面临的威胁

一、周边国家军事冲突

二战以来，印度洋周边的国家冲突不断。如 1973 年阿以战争、1979 年伊朗革命、1979 年苏联入侵阿富汗、1980—1988 年两伊战争、1990 年伊拉克入侵科威特、1991 年第一次海湾战争、1999 年与 2002 年的印巴军事冲突、2001—2002 年美国阿富汗战争、2003 年第二次海湾战争等。这些军事冲突造成印度洋北部海域的海上通道安全受到严重威胁。

近几年，持续的中东和北非政治动荡，对中国海外能源的开发和利用已经造成直接影响。例如，2011 年，中石油集团旗下长城钻探工程公司在利比亚和尼日尔等 6 个较大的海外项目全年生产经营收入同比降低 70%，全年收入减少 12 亿元，中石油集团不得不中止这 6 项海外项目的合同。[1]

二、海盗威胁

由于某些印度洋周边国家的国内政局混乱，导致不良的溢出效应，造成非传统安全问题，如由于索马里内乱造成的索马里附近海域和亚丁湾海盗问题。印度洋东西两端的海上通道都面临海盗威胁：印度洋东端连接印度洋和南中国海的马六甲海峡，印度洋西端连接红海和印度洋的亚丁湾和索马里海域。详见本书第二、三章。

---

[1]《中石油：6 大海外项目合同中止》，2011 年 8 月 19 日，中国能源网（http://www.china5e.com/show.php?contentid=190403）。

三、海事恐怖主义

印度洋沿岸活跃着许多恐怖组织，如"基地"组织及其分支机构"伊斯兰祈祷团"、菲律宾"阿布·沙耶夫"组织、亚齐分裂主义组织、斯里兰卡"泰米尔猛虎组织"等。这些组织有能力发动海上恐怖袭击。海上恐怖袭击的目标有船舶、港口设施、海上钻井平台和狭窄的海上通道等。详见本书第四章。[1] 除了上述海盗和海上武装抢劫之外，其他海上犯罪包括走私、偷渡、贩毒等。如果走私能源产品就对中国的能源安全有直接影响。

四、自然灾害

印度洋的地质结构容易发生地震海啸以及其他自然灾害。2004年12月26日，印度洋海底发生大地震，震中位于印度尼西亚苏门答腊以北的海底，地震的震级达到9.3级，地震引发高达十余米的大海啸（Tsunami），波及范围远至波斯湾的阿曼、非洲东岸索马里及毛里求斯等国。地震及震后海啸造成重大伤亡，印度尼西亚受灾最为严重，据印度尼西亚卫生部称，该国共有238945人死亡或失踪。斯里兰卡遇难者总人数约为30957人，失踪者人数约为5637人。在印度，官方确认的死亡人数约10749人，失踪人数约为5640人。泰国遇难者总人数约为5393人，其中超过1000人为外国人。[2] 缅甸、马来西亚、孟加拉国、马尔代夫和索马里都有人员伤亡的报导。

印度洋大海啸，摧毁了亚齐分裂分子的基地，导致亚齐分裂分子不得不放弃武装斗争，与印度尼西亚政府谈判和平解决亚齐问题。"泰米尔猛虎组织"也在印度洋大海啸中失去了约2,000名成员，以及大量的船只

---

[1] Michael Richardson, A Time Bomb for Global Trade: Maritime – Related Terrorism in an Age of Weapons of Mass Destruction（Singapore: Institute of Southeast Asian Studies, 2004）, p.4.

[2] 新华社：《泰国政府公布海啸灾情5395人死亡2845人失踪》，2005年04月20日，新华网（http://news.sina.com.cn/w/2005-04-20/13025702966s.shtml）

和设备，最后在斯里兰卡政府军的围剿下被消灭。

五、海上航行安全事故

印度洋的咽喉要道，如霍尔木兹海峡、马六甲海峡等，过往的轮船众多，航道狭窄，容易发生油轮碰撞事故，导致原油泄漏。1983 年 2 月 10 日，一艘油轮与伊朗海上瑙鲁兹油田钻井平台相撞，造成油井以每天 1500 桶的速度漏油。当时正值"两伊战争"，发生事故的钻井平台又遭到伊拉克直升机的袭击，引发火灾。伊朗直至 1985 年 5 月才将大火扑灭，造成 73.3 万桶（相当于 10 万吨）原油泄漏，20 名工人在试图扑灭燃烧的油井时遇难。2007 年 1 月 9 日，日本川崎汽船公司的"最上川"号大型油轮和美国"纽波特纽斯"号攻击核潜艇在霍尔木兹海峡相撞，油轮局部受损，但没有造成人员伤亡、原油和核泄漏事故。[1]

第三节 中国的印度洋海上安全战略

保护印度洋海上的通道安全的战略意义重大，不仅在保护能源安全上，同时也保护中国的国际贸易以及在海外的利益。20 世纪 90 年代以来，日本一直在亚洲地区主导打击海盗的行动，随着中国国力的日益壮大，中国应该积极主导亚洲地区打击海盗行动，积极参与非洲地区的打击海盗行动，掌握有关非洲地区的海上情况，保护中国在非洲的利益。在打击索马里和亚丁湾海盗的制度建设方面，中国应该努力倡导利益攸关方，效仿亚洲 16 个国家签订的《亚洲打击海盗和海上武装抢劫的区域协定》，在非洲建立打击海盗的信息分享机构，协调各国的行动，共享打击海盗的情报。目前，吉布提，南非和也门有三个类似的机构，但作用和影响有限。

---

[1] 《油轮撞出隐身潜艇 美伊争控霍尔木兹海峡》，2007 年 1 月 10 日，载《上海证券报》（http://finance. stockstar.com/GA2007011000418922.shtml）。

为了保护印度洋海上战略通道的安全，中国必须发展远洋海军。中国海军通过打击印度洋海盗进入了印度洋，目前，索马里国内形势仍然混乱，短期内要解决海盗问题还有困难，这使中国海军的护航编队可以名正言顺地在印度洋巡航，保护印度洋海上通道的安全。

中国护航舰队由于在海外没有补给基地，主要依靠随船的综合舰补给，导致军舰和装备高负荷、高强度运转，海军战士长时间在海上颠簸，无法上岸休整。[1] 虽然中国军舰曾先后停靠在吉布提港、也门亚丁港、阿曼塞拉莱港以及新加坡港进行短期休整补给，但如此长期在海上执行任务，凸显中国海军远洋投射能力和后勤保障能力不足。[2]

近年来，为了减轻中国对马六甲海峡的依赖，中国相继援建印度洋沿岸的港口，如巴基斯坦的瓜达尔港（Gwadar Port）、孟加拉国的吉大港（Cittagong）和缅甸实兑港（Sittwe）等。西方战略家将这些港口称为中国的印度洋"珍珠链"战略，即通过建设这些"珍珠"港口，控制印度洋的海上能源通道。[3]

中国海军应该利用海上护航行动，将这些港口更好地利用起来。同时，在非洲沿海地区援建相关的港口，作为今后中国的海军海外补给基地。

20世纪90年代以来，日本在亚洲地区积极收集海事情报，主导打击海盗的行动，随着中国国力的日益壮大，中国应该争取主导亚洲地区打击海盗行动。中国应利用各种途径，掌握有关相关海上安全的情报，了解海上情况。中国应积极参与打击索马里和亚丁湾海盗的制度建设，确保中国在非洲的利益。

中国在发展海上力量的同时，应该另辟蹊径，建设输油管、铁路等其他陆地运输设施，降低对海上运输的依赖。2009年3月26日，中缅两国政府签署了《关于建设中缅原油和天然气管道的政府协议》，中缅两国投

[1] 李大光：《护航一周年反思：中国海军学到了什么?》，新华网，2009年12月15日。

[2] 李建文、莫小亮：《中国海军舰艇编队结束停靠新加坡返航归建》载《解放军报》，2011年5月1日。

[3] Christopher J. Pehrson, Strings of Pearls: Meeting the Challenge of China's Rising Power Across the Asian Littoral, Carlisle, PA: Strategic Studies Institute, U.S. Army War College, July 2006,p.3.

资 25 亿建设长达 900 公里的石油和天然气管道。工程预计将于 2013 年竣工。来自非洲和中东的石油以及产自缅甸的天然气将通过输送管道，经过缅甸曼德勒、云南瑞丽，直达中国西南重镇昆明。中国石油天然气集团公司拥有该项目 50.9% 的股份，其余股份由缅甸石油天然气公司持有。不过，缅甸政局不稳，中国在其境内建设石油管道的安全也存在不确定的因素。如果项目能顺利实施，将使中国获得印度洋出海口，缓解中国受制于马六甲海峡的困境。

中国还也可以考虑其他输油管道线路方案：如巴基斯坦直达中国新疆的中巴输油管道，从孟加拉国吉大港通往中国西藏的中孟输油管道，以及打通泰国南部的克拉地峡，中俄之间的泰纳线输油管道和中哈石油管道。中国还计划与缅甸、阿富汗、巴基斯坦在公路建设及港口进行合作，计划中的中缅陆水联运通道，从（中国）昆明—瑞丽—（缅甸）八莫港—伊洛瓦底江—仰光—印度洋等。[1]

---

[1] 王强：《中缅能源管道：破局印度洋》，《商务周刊》2009 年 5 月 28 日。

第九章　结论

保护印度洋海上通道安全是中国海洋战略的重要组成部分。中国要和平与发展，必须发展强大的海军以保护海上战略通道的安全和国家海外的利益。

第一节 印度洋东、西两岸的异同

印度洋东、西部的海盗犯罪动机都是为了获取经济利益。马六甲海峡、索马里海域和亚丁湾都是国际海上交通要道。大量过往的货船为海盗提供大量潜在的目标，因此这两地都是海盗案件多发地区。

一、海盗的活动范围

印度洋东部的海盗一般在沿海、港口和锚地活动。印度洋东部的地理特征有利于海盗作案。特别是马六甲海峡，全长1080公里，最宽处370公里，最窄处仅37公里。船在通过马六甲海峡时必须减速航行，这有利于海盗登上船只；海峡周围岛屿及河流众多，也有利于海盗逃遁及藏匿。[1]

索马里沿岸地区处于无政府状态，商船途经索马里海岸都远离海岸行驶。因此，索马里海盗的作案范围从港口和近海，发展到远离海岸几百海里的公海。例如，上述"天狼星"号案件发生在距离港口500海里处。为了扩大活动范围和持久性，索马里海盗利用较大拖船作为海上发起进攻的"母船"（Mother Vessels）。海盗发现目标后，即从"母船"放下数艘快艇，迅速包围目标船，最后登船劫持船和人质。索马里海盗采用这种"子母船"的攻击方式，具有隐蔽性和突发性，过往船只不容易预防。[2]

二、海盗问题产生的根源

印度洋东部的海盗产生的根源在于经济问题。大多数海盗来自沿岸的

---

[1] Jayant Abhyankar, Piracy, Armed Robbery and Terrorism at Sea: A Global and Regional Outlook, in Graham Gerard Ong–Webb edited, Piracy, Maritime Terrorism and Securing the Malacca Straits,Singapore: Institute of Southeast Asian Studies, 2006, p.3.

[2] International Maritime Bureau, Piracy Alert, December 4, 2008. http://www.icc–ccs.org/index. php?option=com_content&view=article&id=75&Itemid=60

贫困渔村。近年来，海上交通繁忙，过往的船舶排放了大量油污等污染物，破坏了沿岸国渔场的生态环境，鱼类的数量和品种大幅减少，再加上外国拖网渔船掠夺性地捕鱼，当地渔民的收入锐减，许多渔民铤而走险干起海盗行当。

印度洋西部的海盗产生的根源在于政治问题，索马里国内军阀混战，多政权并存，海防废弛，殃及过往的商船。索马里内战导致军火管制失控。大批走私军火从也门等国运抵索马里，加剧了索马里各派的武装冲突，同时便利了海盗从事武装抢劫活动。

三、海盗的基地

印度洋东部的海盗主要是沿海渔村的渔民，平时打渔，相机上船偷窃和抢劫。此外，有少数跨国犯罪集团在马六甲海峡附近活动，通过海上抢劫来获利。这些跨国犯罪集团的网络遍及印尼、马来西亚、新加坡、菲律宾、中国大陆、台湾地区、香港地区等，但是海盗没有固定的基地。[1]

印度洋西部的索马里海盗拥有陆上据点，得到当地政府庇护，因此，索马里海盗活动是肆无忌惮在光天化日之下的武装抢劫，不像其他地方的海盗是偷偷摸摸地进行的。

四、海盗的作案方式

印度洋东部的海盗，作案方式主要有三种：第一，在锚地和港口附近偷窃和抢劫，海盗所持的武器为刀、斧和手枪等，使用小艇登船；第二，海盗乘快艇持自动武器，登临在领海内或是在公海中行驶的船只，抢夺船上的财物等；第三，海盗抢夺货船后，将船上的货物转手销赃，改变货船

---

[1] ICC–IMB, Piracy and Armed Robbery against Ships Annual Report (1 January – 31 December 1998), pp.19–20.

的外观和船名，重新注册为"幽灵船"。[1]

2005 年后，索马里海盗普遍采取劫持商船、船员和货物，勒索巨额赎金的方式。因为索马里海盗有陆地基地，可以将劫持来的船舶停靠在基地的港口，然后与船东谈判。索马里海盗根据船员、船和货物的情况，向船东漫天要价，经过讨价还价，赎金一般在 100 万美元以上，海盗获得赎金后，就释放船和货物，省得销赃的麻烦。

第二节　打击海盗与中国海上通道安全

保护印度洋海上通道安全是中国海洋战略的重要组成部分。中国要和平与发展，必须发展强大的海军以保护海上战略通道的安全和国家海外的利益。美国战略家卡普兰认为，未来中国和美国一定会在西太平洋与印度洋展开激烈竞争。[2] 目前，中国的海上实力还远不及美国，但按目前的发展速度，迟早要赶上美国。美国第一次大战后，将加勒比海发展成自己的内湖，解除了后顾之忧，然后向太平洋和大西洋发展。

中国未来需要将南海牢牢地控制住，然后向印度洋发展。美国非常关注中国在南海的动向。美国试图通过菲律宾和越南遏制中国在南海的发展。美国在第一岛链，通过韩国、日本、台湾、菲律宾、澳大利亚等战略同盟阻止中国海军向太平洋发展；另外，美国在第二岛链即关岛、夏威夷等美国太平洋岛屿，阻止中国海军向美国本土发展。中国必须突破第一岛链，才能打通太平洋到印度洋的海上战略通道，与美国以及印度等国家竞争。

中国必须搞好与印度洋东南岸澳大利亚的关系，因为澳大利亚正处在两洋的要冲地带，同时，澳大利亚是中国重要的能源供应国，如煤矿等资源。澳大利亚已经认识到，中国的崛起迟早要挑战美国在亚太地区的地位，

[1] Jayant Abhyankar, Piracy, Armed Robbery and Terrorism at Sea: A Global and Regional Outlook, in Graham Gerard Ong-Webb edited, Piracy, Maritime Terrorism and Securing the Malacca Straits. Singapore: Institute of Southeast Asian Studies, 2006, p.3.

[2] Robert D. Kaplan, Monsoon: the Indian Ocean and the Future of American Power,New York: Random House, 2010.

澳大利亚在亚太地区长期享受美国的保护局面恐怕会改变。未来澳大利亚为了自己的利益，必须在中国和美国当中做出抉择。[1]

中国必须加深与巴基斯坦的合作。中国从 2001 年开始介入巴基斯坦瓜达尔港深水港的建设和开发。瓜达尔港距离中东主要产油国伊朗只有 72 公里，距离霍尔木兹海峡大约 400 公里，战略位置十分重要。2007 年 3 月，中国援建巴基斯坦瓜达尔港正式竣工，可惜当时由于种种原因，瓜达尔港的经营权落到新加坡人手中。目前，巴基斯坦已经将瓜达尔港交回中国管理。[2] 中国未来将之发展为中国海军保卫印度洋海上通道的补给港，以此为基础打通巴基斯坦、伊朗到中国的海陆能源大通道。

印度洋东部海域的海盗问题，经历了近 20 年的镇压，目前已经基本得到控制。印度洋西部索马里海盗问题要彻底地解决，必须建立强有力的索马里政府，以索马里的国内镇压为主，以国际合作打击为辅。

中国政府应该将打击海盗行动当成是中国印度洋战略的重要组成部分。中国海军通过打击印度洋海盗，了解和积累海事经验，增进与印度洋沿岸国的信任，保卫中国的海上通道安全，为中国的和平与发展做出贡献。

---

[1] Hart White, Power Shift: Australian's future between Washington and Beijing, Quarterly Essay, Issue 39, 2010, pp.4-6.

[2] 东方早报：巴基斯坦媒体称 3 家中企昨日正式接手瓜达尔港，2013 年 5 月 24 日，http://news.ifeng. com/mil/2/detail_2013_05/24/25678792_0.shtml.

附　录

附录一:《联合国海洋法公约》(节选)

(United Nations Convention on the Law of the Sea，UNCLOS)

第 100 条　合作制止海盗行为的义务

所有国家应尽最大可能进行合作，以制止在公海上或在任何国家管辖范围以外的任何其他地方的海盗行为。

第 101 条　海盗行为的定义

下列行为中的任何行为构成海盗行为:

（ a ）私人船舶或私人飞机的船员、机组成员或乘客为私人目的，对下列对象所从事的任何非法的暴力或扣留行为，或任何掠夺行为:

（ i ）在公海上对另一船舶或飞机,或对另一船舶或飞机上的人或财物;

（ i i ）在任何国家管辖范围以外的地方对船舶、飞机、人或财物;

（ b ）明知船舶或飞机成为海盗船舶或飞机的事实，而自愿参加其活动的任何行为;

（ c ）教唆或故意便利（ a ）或（ b ）项所述行为的任何行为。

第 102 条　军舰、政府船舶或政府飞机由于其船员或机组成员发生叛变而从事的海盗行为

军舰、政府船舶或政府飞机由于其船员或机组成员发生叛变并控制该船舶或飞机而从事第 101 条所规定的海盗行为，视同私人船舶或飞机所从

事的行为。

第 103 条　海盗船舶或飞机的定义

如果处于主要控制地位的人员意图利用船舶或飞机从事第 101 条所指的各项行为之一，该船舶或飞机视为海盗船舶或飞机。如果该船舶或飞机曾被用以从事任何这种行为，在该船舶或飞机仍在犯有该行为的人员的控制之下时，上述规定同样适用。

第 104 条　海盗船舶或飞机国籍的保留或丧失

船舶或飞机虽已成为海盗船舶或飞机，仍可保有其国籍。国籍的保留或丧失由原来给予国籍的国家的法律予以决定。

第 105 条　海盗船舶或飞机的扣押

在公海上，或在任何国家管辖范围以外的任何其他地方，每个国家均可扣押海盗船舶或飞机或为海盗所夺取并在海盗控制下的船舶或飞机，和逮捕船上或机上人员并扣押船上或机上财物。扣押国的法院可判定应处的刑罚，并可决定对船舶、飞机或财产所应采取的行动，但受善意第三者的权利的限制。

第 106 条　无足够理由扣押的赔偿责任

如果扣押涉有海盗行为嫌疑的船舶或飞机并无足够的理由，扣押国应向船舶或飞机所属的国家负担因扣押而造成的任何损失或损害的赔偿责任。

第 107 条　由于发生海盗行为而有权进行扣押的船舶和飞机

由于发生海盗行为而进行的扣押，只可由军舰、军用飞机或其他有清楚标志可以识别的为政府服务并经授权扣押的船舶或飞机实施。

第 110 条　登临权

1. 除条约授权的干涉行为外，军舰在公海上遇到按照第 95 条和第 96 条享有完全豁免权的船舶以外的外国船舶，非有合理根据认为有下列嫌疑，不得登临该船：

（a）该船从事海盗行为；

（b）该船从事奴隶贩卖；

（c）该船从事未经许可的广播而且军舰的船旗国依据第 109 条有管辖权；

（d）该船没有国籍；或

（e）该船虽悬挂外国旗帜或拒不展示其旗帜，而事实上却与该军舰属同一国籍。

2．在第 1 款规定的情形下，军舰可查核该船悬挂其旗帜的权利。为此目的，军舰可派一艘由一名军官指挥的小艇到该嫌疑船舶。如果检验船舶文件后仍有嫌疑，军舰可进一步在该船上进行检查，但检查须尽量审慎进行。

3．如果嫌疑经证明为无根据，而且被登临的船舶并未从事嫌疑的任何行为，对该船舶可能遭受的任何损失或损害应予赔偿。

4．这些规定比照适用于军用飞机。

5．这些规定也适用于经正式授权并有清楚标志可以识别的为政府服务的任何其他船舶或飞机。

附录二：《制止危及海上航行安全非法行为公约》

(Convention for the Suppression of Unlawful Acts Against the Safety of Maritime Navigation, 1988, SUA Convention)

本公约各缔约国，

考虑到联合国宪章有关维护国际和平与安全和促进国家间友好关系与合作的宗旨和原则，

尤其认识到，正如世界人权宣言及公民权利和政治权利国际公约所述，每个人均有生活、人身自由和人身安全的权利，

深切关注各种形式的恐怖主义行为的世界性升级，该类行为危及或夺取无辜性命，危害人的基本自由并严重地损伤人的尊严，

考虑到危及海上航行安全的非法行为危及人身和财产安全，严重影响

海上业务的经营并有损于世界人民对海上航行安全的信心，

考虑到整个国际社会对此种行为的发生极其关注，

深信迫切需要在国家间开展国际合作，拟定和采取切实有效的措施，防止一切危及海上航行安全的非法行为，对凶犯起诉并加以惩罚，

回顾到 1985 年 12 月 9 日联合国大会第 40/61 号决议，它特别"敦促一切国家（单方面或与其他国家合作）和联合国有关机构，为逐步消除造成国际恐怖主义的根本原因而做出贡献，并特别注意可能导致国际恐怖主义和可能危及国际和平与安全的一切局势，包括殖民主义、种族主义，以及大规模肆意侵犯人权和基本自由和外国占领的局势"，

进一步回顾到第 40/61 号决议"断然地谴责在任何地方由任何人从事的恐怖主义的一切行动、方式和做法，包括那些危害国家间友好关系及其安全的恐怖主义行动、方式和做法，为犯罪行为"，

还回顾到第 40/61 号决议请国际海事组织"研究在船上发生或针对船舶的恐怖主义行为的问题，以便就适当措施提出建议"，

考虑到国际海事组织大会 1985 年 11 月 20 日第 A．584（14）号决议要求拟定防止威胁船舶及其旅客和船员安全的非法行为的措施，

注意到受通常船上纪律约束的船员行为不在本公约的范围内，

确认需要检查关于防止和控制危及船舶及船上人员非法行为的规则和标准，以便做出必要的更新，并为此满意地注意到国际海事组织海上安全委员会所建议的防止危及船上旅客和船员非法行为的措施，

进一步确认本公约未规定的事项仍应按照一般国际法的规划和原则处理，

认识到在防止危及海上航行安全非法行为方面需要所有国家严格遵守一般国际法的规则和原则，特协议如下：

第一条

就本公约而言，"船舶"系指任何种类的非永久依附于海床的船舶，包括动力支撑船、潜水器或任何其他水上船艇。

第二条

1．本公约不适用于：

（a）军舰；或

（b）国家拥有或经营的用作海军辅助船或用于海关或警察目的的船舶；或

（c）已退出航行或闲置的船舶。

2．本公约的任何规定不影响军舰和用于非商业目的的其他政府船舶的豁免权。

第三条

1．任何人如非法并故意从事下列活动，则构成犯罪：

（a）以武力或武力威胁或任何其他恐吓形式夺取或控制船舶；或

（b）对船上人员施用暴力，而该行为有可能危及船舶航行安全；或

（c）毁坏船舶或对船舶或其货物造成有可能危及船舶航行安全的损坏；或

（d）以任何手段把某种装置或物质放置或使之放置于船上，而该装置或物质有可能毁坏船舶或对船舶或其货物造成损坏而危及或有可能危及船舶航行安全；或

（e）毁坏或严重损坏海上导航设施或严重干扰其运行，而此种行为有可能危及船舶的航行安全；或

（f）传递其明知是虚假的情报，从而危及船舶的航行安全；或

（g）因从事（a）至（f）项所述的任何罪行或从事该类罪行未遂而伤害或杀害任何人。

2．任何人如从事下列活动，亦构成犯罪：

（a）从事第1款所述的任何罪行未遂；或

（b）唆使任何人从事第1款所述的任何罪行或是从事该罪行者的同谋；或

（c）无论国内法对威胁是否规定了条件，以从事第1款（b）项（c）

项和（e）项所述的任何罪行相威胁，旨在迫使某自然人或法人从事或不从事任何行为，而该威胁有可能危及船舶的航行安全。

第四条

1. 本公约适用于正在或准备驶入、通过或来自一个国家的领海外部界限或其与之相邻国家的领海侧面界限以外水域的船舶。

2. 在根据第 1 款本公约不适用的情况下，如果罪犯或被指称的罪犯在非第 1 款所述国家的某一缔约国的领土内被发现，本公约仍然适用。

第五条

每一缔约国应使第三条所述罪行受到适当惩罚，这种惩罚应考虑到罪行的严重性。

第六条

1. 在下列情况下，每一缔约国应采取必要措施，对第三条所述的罪行确定管辖权：

（a）罪行发生时是针对悬挂其国旗的船舶或发生在该船上；或

（b）罪行发生在其领土内，包括其领海；或

（c）罪犯是其国民。

2. 在下列情况下，一缔约国也可以对任何此种罪行确定管辖权：

（a）罪行系由惯常居所在其国内的无国籍人所犯；或

（b）在案发过程中，其国民被扣押、威胁、伤害或杀害；或

（c）犯罪的意图是迫使该国从事或不从事某种行为。

3. 任何缔约国，在确定了第 2 款所述的管辖权后，应通知国际海事组织秘书长（以下称秘书长）。如该缔约国以后撤销该管辖权，也应通知秘书长。

4. 如被指称的罪犯出现在某缔约国领土内，而该缔约国又不将他引渡给根据本条第 1 和第 2 款确定了管辖权的任何国家，该缔约国应采取必要措施，确定其对第三条所述罪行的管辖权。

5．本公约不排除按照国内法行使的任何刑事管辖权。

第七条

1．罪犯或被指称的罪犯出现在其领土内的任何缔约国，在确信情况有此需要时，应根据其法律，将罪犯或被指称的罪犯拘留或采取其他措施，确保其在提起刑事诉讼或引渡程序所必要的时间内留在其国内。

2．该缔约国应按照本国法律立即对事实做初步调查。

3．任何人，如对其采取第 1 款所述的措施，有权：

（a）及时地与其国籍国或有权建立此种联系的国家的最近的适当代表联系，或者，如其为无国籍人时，与其惯常居所地国的此种代表联系；

（b）接受该国代表探视。

4．第 3 款所述权利应按照罪犯或被指称的罪犯所在地国的法律和规章行使，但这些法律和规章必须能使第 3 款所给予的权力的目的得以充分实现。

5．当缔约国根据本条将某人拘留时，应立即将该人被拘留的事实和应予拘留的情况通知已按照第六条第 1 款确定管辖权的国家，在认为适当时，应立即通知其他有关国家。进行本条第 2 款所述初步调查的国家应迅速将调查结果报告上述国家，并应表明它是否有意行使管辖权。

第八条

1．缔约国（船旗国）船舶的船长可以将其有正当理由相信已犯下第三条所述的某一罪行的任何人移交给任何其他缔约国（接收国）当局。

2．船旗国应确保其船长有义务，在船上带有船长意欲根据第 1 款移交的任何人员时，只要可行和可能，在进入接收国的领海前将他要移交该人员的意向和理由通知接收国当局。

3．除非有理由认为本公约不适用于导致移交的行为，接收国应接受移交并按第七条规定进行处理，如拒绝接受移交，应说明拒绝的理由。

4．船旗国应确保其船舶的船长有义务向接收国当局提供船长所掌握的与被指称的罪行有关的证据。

5. 已按第 3 款接受移交的接收国可以再要求船旗国接受对该人的移交。船旗国应考虑任何此类要求，若同意，则应按第七条进行处理。如船旗国拒绝此要求，则应向接收国说明理由。

第九条

本公约的任何规定不应以任何方式影响关于各国有权对非悬挂其国旗的船舶行使调查权或强制管辖权的国际法规则。

第十条

1. 在其领土内发现罪犯或被指称的罪犯的缔约国，在第六条适用的情况下，如不将罪犯引渡，则无论罪行是否在其领土内发生，应有义务毫无例外地立即将案件送交其主管当局，以便通过其国内法律规定的程序起诉。主管当局应以与处理本国法中其他严重犯罪案件相同的方式做出决定。

2. 对因第三条所述任何罪行而被起诉的任何人，应保证其在诉讼的所有阶段均能获得公平对待，包括享有所在国法律就此类诉讼规定的一切权利与保障。

第十一条

1. 第三条所述罪行应被视为包括在任何缔约国之间任何现有引渡条约中的可引渡的罪行。缔约国承允将此类罪行作为可引渡的罪行列入他们之间将要缔结的每一个引渡条约中。

2. 以订有条约为引渡条件的缔约国，如收到未与其订有引渡条约的另一缔约国的引渡要求，被要求国可以根据自己的选择以本公约为就第三条所述罪行进行引渡的法律依据。引渡应符合被要求国法律规定的其他条件。

3. 不以订有条约为引渡条件的缔约国，在符合被要求国法律规定的条件下，应把第三条所述的罪行作为他们之间可引渡的罪行。

4. 必要时，为了缔约国间引渡的目的，第三条所述的罪行应被视为不仅发生在罪行的发生地，而且发生在要求引渡的缔约国管辖范围内的某个地方。

5. 如一缔约国接到按第七条确定管辖权的多个国家的一个以上的引

渡要求，并决定自己不起诉，在选择将罪犯或被指称的罪犯引渡的国家时，应适当考虑罪行发生时船舶悬挂其国旗的缔约国的利益和责任。

6. 在考虑按照本公约引渡被指称的罪犯的要求时，被要求国应适当考虑第七条第 3 款所述的被指称的罪犯的权利是否能在要求国中行使。

7. 就本公约所规定的罪行而言，在缔约国间适用的所有引渡条约的规定和安排，只要与本公约不符的，均视为已在缔约国间做了修改。

第十二条

1. 缔约国应就对第三条所述罪行提起的刑事诉讼相互提供最大程度的协助，包括协助收集他们所掌握的为诉讼所需的证据。

2. 缔约国应按照他们之间可能存在的任何相互协助条约履行第 1 款的义务。如无此类条约，缔约国应按照各自的国内法相互提供协助。

第十三条

1. 缔约国应特别通过下列方式在防止第三条所述的罪行方面进行合作：

（a）采取一切切实可行的措施，防止在其领土内为在其领土以内或以外犯罪进行准备工作；

（b）按照其国内法交换情报，并协调旨在防止第三条所述罪行而采取的适当的行政及其他措施。

2. 如因发生第三条所述的罪行，船舶航行被延误或中断，船舶或旅客或船员所在的任何缔约国应尽力使船舶及其旅客、船员或货物免遭不适当的扣留或延误。

第十四条

任何缔约国在有理由确信第三条所述的某项罪行将要发生时，应按照其国内法向其认为是已按第六条确定管辖权的国家尽快提供其所掌握的任何有关情报。

第十五条

1. 各缔约国应根据其国内法，尽快向秘书长提供所掌握的任何下列有关情报：

（a）犯罪的情况；

（b）按照第十三条第 2 款所采取的行动；

（c）对罪犯或被指称的罪犯采取的措施，尤其是任何引渡程序或其他法律程序的结果。

2. 对被指称的罪犯起诉的缔约国应根据其国内法，将诉讼的最后结果通知秘书长。

3. 按第 1 款和第 2 款所提供的情报应由秘书长通知所有缔约国、国际海事组织（以以称本组织）的会员国、其他有关国家和适当的政府间国际组织。

第十六条

1. 两个或两个以上的缔约国之间有关本公约的解释或适用方面的任何争端，如在一合理时间内不能通过谈判解决，经其中一方要求，应交付仲裁。如自要求仲裁之日起六个月内，当事各方不能就仲裁的组成达成协议，其中任何一方可根据国际法院规约要求将争端提交国际法院。

2. 在签署、批准、接受、核准或加入本公约时，一国可以声明不受第 1 款任何或全部规定的约束。对做出该保留的任何缔约国而言，其他缔约国也不受这些规定的约束。

3. 按照第 2 款做出保留的任何缔约国，可以在任何时候通知秘书长撤销该保留。

第十七条

1. 本公约于 1988 年 3 月 10 日在罗马开放供参加制止危及海上航行安全非法行为国际会议的国家签字。自 1988 年 3 月 14 日至 1989 年 3 月 9 日在本组织总部向所有国家开放供签字。此后继续开放供加入。

2. 各国可按下列方式表示同意受本公约的约束：

（a）签字并对批准、接受或核准无保留；或

（b）签字而有待批准、接受或核准，随后再予批准、接受或核准；或

（c）加入。

3．批准、接受、核准或加入应向秘书长交存一份相应的文件。

第十八条

1．本公约在十五个国家签字并对批准、接受或核准无保留或交存有关批准、接受、核准或加入的文件之日后九十天生效。

2．对于在本公约生效条件满足后交存有关批准、接受、核准或加入书的国家，其批准、接受、核准或加入应在交存之日后九十天生效。

第十九条

1．任何缔约国在本公约对其生效之日起一年后，可随时退出本公约。

2．退出须向秘书长交存一份退出文件方为有效。

3．退出本公约，应在秘书长收到退出文件一年之后，或在退出文件载明的较此更长的期限届满后生效。

第二十条

1．本组织可召开修订或修正本公约的会议。

2．经三分之一或十个缔约国的要求，以数大者为准，秘书长应召集修订或修正本公约的缔约国会议。

3．在本公约的修正案生效之日后交存的有关批准、接受、核准或加入的任何文件应被视为适用于经修正的公约。

第二十一条

1．本公约由秘书长保存。

2．秘书长应：

（a）将下列事项通知所有签署或加入了本公约的国家以及本组织的所有会员国：

（Ⅰ）每一新的签署或每一新的批准、接受、核准或加入书的交存及其日期；

（Ⅱ）本公约的生效日期；

（Ⅲ）任何退出本公约的文件的交存及其收到和退出生效日期；

（Ⅳ）收到根据本公约所做出的任何声明或通知。

（ｂ）将本公约核证无误的副本分发给已签署或加入了本公约的所有国家。

3.本公约一经生效，其保存人应按照联合国宪章第一百零二条的规定，将本公约核证无误的副本一份送交联合国秘书长，供登记和公布。

第二十二条

本公约正本一份，用阿拉伯文、中文、英文、法文、俄文和西班牙文写成，各种文本具有同等效力。

下列署名者，经各自政府正式授权，特签署本公约，以昭信守。

一九八八年三月十日订于罗马。

附录三:《制止危及大陆架固定平台安全非法行为议定书》

(Protocol for the Suppression of Unlawful Acts against the Safety of Fixed Platforms Located on the Continental Shelf, 1988)

本议定书各缔约国，

作为《制止危及海上航行安全非法行为公约》的缔约国，

认识到制定该公约的理由同样也适用于大陆架固定平台，

考虑到该公约的规定，

确认本议定书未规定的事项仍应按照一般国际法的规则和原则处理，协议如下：

第一条

1.《制止危及海上航行安全行为公约》（以下称公约）的第五条和第七条及第十条至第十六条的规定在做必要的修改后应同样适用于本议定书第二条所述的在大陆架固定平台上或针对大陆架固定平台所犯的罪行。

2. 在按照第 1 款本议定书不适用的情况下，如果罪犯或被指称的罪犯在固定平台位于其内水或领海内的国家以外的另一缔约国领土内被发现，本议定书仍然适用。

3．就本议定而言，"固定平台"系指用于资源的勘探或开发或用于其他经济目的的永久依附于海床的人工岛屿、设施或结构。

第二条

1．任何人如非法并故意从事下列活动，则构成犯罪：

（a）以武力或武力威胁或任何其他恐吓形式夺取或控制固定平台；或

（b）对固定平台上的人员施用暴力，而该行为有可能危及固定平台的安全；或

（c）毁坏固定平台或对固定平台造成可能危及其安全的损坏；或

（d）以任何手段将可能毁坏固定平台或危及其安全的装置或物质放置或使之放置于固定平台上；或

（e）因从事（a）项至（d）项所述的任何罪行或从事该类罪行未遂而伤害或杀害任何人。

2．任何人如从事下列活动，亦构成犯罪：

（a）从事第1款所述的任何罪行未遂；或

（b）唆使任何人从事任何该类罪行或是从事该类罪行者的同谋；或

（c）无论国内法对威胁是否规定了条件，以从事第1款（b）项和（c）项所述的任何罪行相威胁，旨在迫使某自然人或法人从事或不从事某种行为，而该威胁有可能危及该固定平台的安全。

第三条

1．在下列情况下，每一缔约国应采取必要措施，确定其对第二条所述罪行的管辖权：

（a）罪行系针对位于其大陆架上的固定平台或罪行发生于该固定平台上；或

（b）罪行由其国民所犯。

2．在下列情况下，缔约国亦可以对任何此种罪行确定管辖权：

（a）罪行系由惯常居所在其国内的无国籍人所犯；或

（b）在案发过程中，其国民被扣押、威胁、伤害或杀害；或

（c）犯罪的意图是迫使该国从事或不从事某种行为。

3. 任何缔约国，在确定了第 2 款所述的管辖权后，应通知国际海事组织秘书长（以下称秘书长）。如该缔约国以后撤销该管辖权，也应通知秘书长。

4. 如被指称的罪犯出现在某缔约国领土内，而该缔约国又不将他引渡给根据本条第 1 款和第 2 款确定了管辖权的任何国家，该缔约国应采取必要措施，确定其对第二条所述罪行的管辖权。

5. 本议定书不排除按照国内法所行使的任何刑事管辖权。

第四条

本议定书的任何规定不应以任何方式影响有关大陆架固定平台的国际法规则。

第五条

1. 本议定书于 1988 年 3 月 10 日在罗马并自 1988 年 3 月 14 日至 1989 年 3 月 9 日在国际海事组织（以下称本组织）总部向任何已签署了公约的国家开放供签字。此后继续开放供加入。

2. 各国可按下列方式表示同意受本议定书的约束：

（a）签字并对批准、接受或核准无保留；或

（b）签字而有待批准、接受或核准，随后再予批准、接受或核准；或

（c）加入。

3. 批准、接受、核准或加入应向秘书长交存一份相应的文件。

4. 只有对该公约签字并对批准、接受或核准无保留的国家或已批准、接受、核准或加入公约的国家可以成为本议定书的缔约国。

第六条

1. 本议定书在三个国家签字并对批准、接受或核准无保留或已交存

了有关批准、接受、核准或加入书之日后九十天生效。但本议定书不得在公约生效之前生效。

2. 对于本议定书生效条件满足后交存有关批准、接受、核准或加入书的国家，其批准、接受、核准或加入应在交存之日后九十天生效。

第七条

1. 任何缔约国在本议定书对其生效之日起一年后，可随时退出本议定书。

2. 退出应向秘书长交存一份退出文件方为有效。

3. 退出本议定书，应在秘书长收到退出文件一年之后，或在退出文件载明的较此更长的期限届满后生效。

4. 缔约国退出公约应被视为也退出本议定书。

第八条

1. 本组织可召开修订或修正本议定书的会议。

2. 经三分之一或五个缔约国的要求，以数大者为准，秘书长应召集修订或修正本议定书的缔约国会议。

3. 在本议定书的修正案生效之日后交存的有关批准、接受、核准或加入的任何文件应被视为适用于经修正的议定书。

第九条

1. 本议定书由秘书长保存。

2. 秘书长应：

（a）将下列事项通知所有已签署或加入了本议定书的国家以及本组织的所有会员国：

（Ⅰ）每一新的签署或每一新的批准、接受、核准或加入书的交存及其日期；

（Ⅱ）本议定书的生效日期；

（Ⅲ）任何退出本议定书的文件的交存及收到日期和退出生效日期；

（Ⅳ）收到根据本议定书或公约的规定作出的与本议定书有关的任何

声明或通知；

（b）将本议定书核证无误的副本分发给所有签署或加入了本议定书的国家。

3. 本议定书一经生效，其保存人应按照联合国宪章第一百零二条的规定，将本议定书的核证无误的副本一份送交联合国秘书长，供登记和公布。

第十条

本议定书正本一份，用阿拉伯文、中文、英文、法文、俄文和西班牙文写成，各种文本具有同等效力。

下列署名者，经各自政府正式授权，特签署本议定书，以昭信守。

一九八八年三月十日订于罗马。

附录四：联合国安全理事会第 1851（2008）号决议（节选）

2008 年 12 月 16 日安全理事会第 6046 次会议通过

根据《联合国宪章》第七章采取行动，

1. 重申谴责并痛斥索马里沿岸海域的一切海盗行为和武装劫船行为；

2. 吁请有能力的国家、区域组织和国际组织积极参与打击索马里沿岸的海盗和海上武装抢劫行为，尤其是依照本决议、第 1846(2008) 号决议和国际法，部署海军舰只和军用飞机，并扣押和处置被用于或有充分理由怀疑被用于在索马里沿岸从事海盗行为和海上武装抢劫行为的船只、舰艇、武器和其他相关装备；

3. 邀请在索马里沿岸打击海盗行为的所有国家和区域组织与愿意羁押海盗的国家订立特别协议或安排，让这些国家，特别是该区域各国的执法人员（"登船执法人员"）登船，以便利调查根据本决议开展的行动而被拘留的人员在索马里沿岸所从事的海盗行为和武装抢劫行为并进行起诉，条件是登船执法人员在索马里领海行使第三国管辖权须事先征得过渡联邦政府的同意，且这类协议或安排不影响《制止海上非法行为公约》的有效执行；

4. 鼓励在索马里沿岸打击海盗和海上武装抢劫行为的所有国家和区域组织建立一个国际合作机制，作为国家、区域组织和国际组织之间就打击索马里沿岸海盗和海上武装抢劫行为的一切方面相互沟通的联络点；回顾秘书长应在第1846(2008)号决议通过后三个月内，向安理会提出一份报告，就今后如何确保索马里沿岸国际航运的长期安全，包括粮食计划署经海路向索马里运送物资的长期安全，以及联合国在这方面可能发挥的协调和领导作用，以号召会员国和区域组织协力打击索马里沿岸的海盗和海上武装抢劫行为，提出详细的建议；

5. 又鼓励在索马里沿岸打击海盗和海上武装抢劫行为的所有国家和区域组织考虑在该区域设立一个中心，以便协调有关索马里沿岸海盗和海上武装抢劫行为的信息，在禁毒办的协助下，加强区域能力，以安排符合《海洋法公约》规定的关于登船执法人员的有效协议或安排，并执行《制止海上非法行为公约》、《联合国打击跨国有组织犯罪公约》以及该区域各国为缔约方的其他相关文书，以便有效地调查和起诉海盗和海上武装抢劫犯罪行为；

6. 回应过渡联邦政府2008年12月9日的信，鼓励会员国继续同过渡联邦政府合作，打击海盗和海上武装抢劫行为，指出过渡联邦政府在根除海盗和海上武装抢劫行为方面负有首要责任，决定从第1846(2008)号决议通过之日起十二个月内，过渡联邦政府已事先知会秘书长的合作打击索马里沿岸海盗和海上武装抢劫行为的国家和区域组织，应过渡联邦政府的请求，可以在索马里境内采取一切必要的适当措施，镇压海盗行为和海上武装抢劫行为，不过条件是根据本段的授权所采取的任何措施都应符合适用的国际人道主义法和人权法；

7. 吁请会员国应过渡联邦政府的请求，在知会秘书长的情况下，协助过渡联邦政府加强其运作能力，将那些利用索马里领土策划、协助或从事海盗和海上武装抢劫犯罪行为者绳之以法，并着重指出，根据本段采取的任何措施都应符合适用的国际人权法；

8. 欢迎 2008 年 12 月 11 日在肯尼亚内罗毕举行的索马里附近海域海盗问题国际会议发表的公报，鼓励会员国协力加强该区域相关各国打击海盗行为的能力，包括司法能力；

9. 关切地注意到索马里问题监察组 2008 年 11 月 20 日报告的结论，其中认为所支付的赎金不断增加，正在助长索马里沿岸海域的海盗行为，而且第 733(1992) 号决议所规定的军火禁运没有强制实施，使海盗随时能够取用军火和弹药，在某种程度上造成了海盗行为日形猖獗；

10. 申明本决议规定的授权仅适用于索马里局势，不影响会员国在任何其他局势中根据国际法所具有的权利、义务或责任，包括根据《海洋法公约》所具有的任何权利或义务，并特别强调指出，本决议不应被视同订立习惯国际法，还申明这一授权是在接到过渡联邦政府 2008 年 12 月 9 日来信表示同意之后才做出的；

11. 申明第 733(1992) 号决议第 5 段所规定的、经第 1425(2002) 号决议第 1 和第 2 段进一步阐明的措施，不适用于专门供根据上文第 6 段采取措施的会员国和区域组织使用的武器和军事装备；

12. 敦促各国与航运业、保险业和海事组织合作，继续制定避免、规避和防卫方面的最佳做法和预告，供船只在索马里沿岸海域受袭或航行时采用，还敦促各国在海盗行为或未遂的海盗行为或海上武装抢劫行为发生后，或在其公民和船只被释放后，立即在第一个停靠港口酌情让其公民和船只接受法证调查；

13. 决定继续处理此案。

主要参考文献

一、中文文献

[1] 许可:《当代东南亚海盗研究》，2009 年 12 月，厦门大学出版社.

[2] 蔡高强、胡斌.论打击海盗语境下的国际法治.法学评论，2010,(02).

[3] 李兵.印度的海上战略通道思想与政策.南亚研究，2006,(02).

[4] 刘景升、邵国余.索马里海盗现状及应对策略.中国海事，2010,(06).

[5] 刘新华.论中印关系中的印度洋问题.太平洋学报，2010,(01).

[6] 马加力、徐俊.印度的海洋观及其海洋战略.亚非纵横，2009,(02).

[7] 宋德星、白俊."21 世纪之洋"——地缘战略视角下的印度洋 [J].南亚研究，2009,(03).

[8] 宋志辉.美印在印度洋上的博弈对双边关系的制约与推动 [J].南亚研究季刊，2008,(03).

[9] 王德华.试论中国的"和谐印度洋战略".社会科学，2008,(12).

[10] 王健、戴轶尘.东南亚海盗问题及其治理.当代亚太，2006,(07).

[11] 王历荣.印度洋与中国海上通道安全战略.南亚研究，2009,(03).

[12] 王猛.索马里海盗问题与国际社会的应对.现代国际关系，2010,(08).

[13] 王秋玲.论国际法上海盗罪构成条件之弊端.法学杂志，2006,(06).

[14] 王新龙.印度海洋战略及其对中国的影响.国际论坛，2004,(01).

[15] 邢成.有关海盗问题的法律解决途径.大连海事大学学报，2009,(S1).

[16] 薛力 . 马六甲海峡海盗活动的趋势与特征———一项统计分析 . 国际政治研究 .2011（2）.

[17] 许可 . 东南亚的海盗问题与亚太地区安全 . 当代亚太，2002(03).

[18] 许可 . 印度洋海盗威胁与中国的印度洋战略 . 南亚研究，2011 年（01）.

[19] 许可 . 影响当代东南亚海盗兴衰的变量研究 . 南洋问题研究，2009(01).

[20] 许可 . 中国打击海盗的回顾与存在的问题 . 和平与发展,2011(03).

二、外文文献

[1]Adirex, Paul. The Pirates of Tarutao. Thailand: Amarin Printing & Publishing Public Co. Ltd, 1994.

[2]Ahmad, Hamzah, ed. Malaysia and the United Nations Conference on the Law of the Sea: Selected Documents. Kuala Lumpur: Heng Lee Stationery & Printing Co. Sdn. Bhd, 1983.

[3]Ahmad, Hamzah, and Akira Ogawa, eds. Combating Piracy and Ship Robbery: Charting the Future in Asia Pacific Waters. Kuala Lumpur: Syarikat MAJ, 2001.

[4]Alford, Jonathan. Sea Power and Influence: Old Issues and New Challenges, Adelphi Library 2. Farnborough, Hampshire, England; Montclair, N.J. Gower: Allanheld, 1980.

[5]Anwar, Muhammad. Role of Smaller Navies: A Focus on Pakistan's Maritime Interests. Islamabad: Directorate of Education, Naval Headquarters, 1999.

[6]Austin, Greg. China's Ocean Frontier: International Law, Military Force and National Development, Studies in World Affairs 17. St Leonards, N.S.W.:

Allen & Unwill, 1998.

[7]Babbage, Ross, W. S. G. Bateman, J. N. Mak, Siew Jin Kwek. Maritime Change: Issues for Asia. St Leonards, NSW: Allen & Unwin, 1993.

[8]Baer, George W. One Hundred Years of Sea Power: The U.S. Navy, 1890–1990. Stanford, Calif.: Stanford University Press, 1994.

[9]Bagley, Worth H. Sea Power and Western Security: The Next Decade, Adelphi Papers, No. 139. London: International Institute for Strategic Studies, 1977.

[10]Ball, Desmond, W. S. G. Bateman. An Australian Perspective on Maritime CSBMS in the Asia–Pacific Region. Canberra: Research School of Pacific Studies, Australian National University, 1991.

[11]Bateman, Sam. Piracy and the Challenge of Cooperative Security and Enforcement Policy. In Ocean Governance and Sustainable Development in Pacific Region, edited by Douglas M. Johnston and Ankana Sirivivatnanon. Bangkok: Southeast Asian Programme in Ocean Law Policy and Management (SEAPOL), 2002.

[12]Batongbacal, Jay. Piracy under the Philippine Criminal Law. In Combating Piracy and Ship Robbery: Charting the Future in Asia Pacific Waters, edited by Hamzah Ahmad and Akira Ogawa, 198–215. Kuala Lumpur : The Okazaki Institute, 2001.

[13]Beckman, Robert C., Carl Grundy–Warr, Vivian L. Forbes, Clive H. Schofield, Acts of Piracy in the Malacca and Singapore Straits, Maritime Briefing, V. 1, No. 4. Durham, Leics: International Boundaries Research Unit Dept. of Geography University of Durham, 1994.

[14]Billingsley, Phil. Bandits in Republican China. Stanford, Calif: Stanford University Press, 1988.

[15]Birnie, P. W. Piracy: Past, Present and Future. In Piracy at Sea, edited

by Eric Ellen. Paris: ICC Publishing SA, 1989.

[16]Blyth, Ken, and Peter Corris. Petro-Pirates: The Hijacking of the Petro Ranger. St Leonards: Allen & Unwin, 2000.

[17]Boyer, Pelham G., and Robert S. Wood. Strategic Transformation and Naval Power in the 21st Century. Newport, R.I.: Naval War College Press, 1998.

[18]Bradford, John F. Japanese Anti-Piracy Initiatives in Southeast Asia: Policy Formulation and the Coastal State Responses. Contemporary Southeast Asia 26, no. 3 (2004): 480-505.

[19]Brodie, Bernard. Sea Power in the Machine Age. New York, 1969.

[20]Brown, Robert Henry. Marine Insurance. 6th ed. London: Witherby & Co., 1998.

[21]Burnett, John S. Dangerous Waters: Modern Piracy and Terror on the High Seas. New York, N.Y.: Plume, 2002.

[22]Capie, David H. Grey-Area Phenomena in Southeast Asia: Piracy, Drug Trafficking and Political Terrorism. Edited by Australian National University Strategic and Defence Studies Centre, Canberra Papers on Strategy and Defence; No. 123. Canberra: Strategic and Defence Studies Centre Research School of Pacific and Asian Studies, Australian National University, 1997.

[23]Cartner, Christian W.J. ,John A.C. Cartner and Richard P. Fiske, Defending against Pirates: The International Law of Small Armed, Armed Guards and Privateers. Intershipmaster Press, 2011.

[24]Cleary, Mark, and Goh Kim Chuan. Trade and Environmental Management in the Straits of Malacca. In Shipping and Ports in the Twenty-First Century: Globalisation, Technological Change and the Environment, edited by David Pinder and Brian Slack, pp.257-273. London: Routledge, 2004.

[25]Colas, Alejandro and Bryan Mabee, Mercenaries, Pirates, Bandits and Empires: Private Violence in Historical Context. London: Hurst & Company,

2010.

[26]Coles, Richard M. F., and Nigel P. Ready. Ship Registration, Lloyd's Shipping Law Library. London: LLP, 2002.

[27]Cottrell, Alvin J. Sea Power and Strategy in the Indian Ocean. Beverly Hills, Calif.: Published in cooperation with the Centre for Strategic & International Studies, 1981.

[28]Course, Alfred George. Pirates of the Eastern Seas: Muller, 1966.

[29]Crickard, F. W., Paul T. Mitchell, and Katherine Orr. Multinational Naval Cooperation and Foreign Policy into the 21st Century. Brookfield, VT: Ashgate, 1998.

[30]Crouch, Harold A. The Army and Politics in Indonesia. Rev. ed. Ithaca: Cornell University Press, 1988.

[31]Defence Ministry of Indonesia. Defending the Country Entering the 21 St Century. Jakarta: Indonesian Ministry of Defence, 2003.

[32]Defence Ministry of Singpapore. Defending Singapore in the 21th Century. Singapore: Ministry of Defence, 2000.

[33]Djalal, Hasjim.Combating Piracy: Co-Operation Needs, Efforts, and Challenges. In Piracy in Southeast Asia: Status, Issues and Responses, edited by Derek Johnson and Mark Valencia. Singapore: IIAS/ISEAS 2005.

[34]Domville-Fife, Charles William. Evolution of Sea Power: Studies of Modern Naval Warfare and the Effect of Evolution on the Basis and Employment of Sea Power. London: Rich & Cowan, 1939.

[35]Dorman, Andrew M., M. L. R. Smith, and Matthew Uttley. The Changing Face of Maritime Power. Macmillan: St. Martin's Press, 1999.

[36]Dubner, Barry Hart. Maritime Violence: The Problems with Modern Day Piracy, Mima Issue Paper, No. 9/95. Kuala Lumpur: Maritime Institute of Malaysia, 1995.

[37]Dyke, Jon M. Van. Legal and Practical Problems Governing International Straits. In The Straits of Malacca, edited by Hamzah Ahmad. Kuala Lumpur: Pelanduk Publications (M) Sdn. Bhd., 1997.

[38]Earl, George Windsor. The Eastern Seas. Singapore, New York: Oxford University Press, 1971.

[39]Earle, Peter. The Pirate Wars. London: Methuen, 2004.

[40]Eckardt, James. Boat People. Bangkok: White Lotus, 1995.

[41]Elleman, Bruce A, Andrew Forbes and David Rosenberg, ed. Piracy and Maritime Crime: historical and Modern Case Studies, Newport: Naval War College Press, 2010.

[42]Ellen, Eric, ed. Piracy at Sea, Paris: ICC Publishing SA, 1989.

[43]Emmer, Piet C., and F. S. Gaastra. Non-Traditional Security in the Asia-Pacific: The Dynamics of Securitisation, Singapore: Eastern Universities Press, 2004.

[44]Fargo, Admiral Thomas. Strategy for Regional Maritime Security. Hawii: U.S. Pacific Command 2004.

[45]Forbes, Vivian Louis, and Malaysian Institute of Maritime Affairs. Indonesia's Maritime Boundaries, A Malaysian Institute of Maritime Affairs Monograph. Kuala Lumpur: Malaysian Institute of Maritime Affairs, 1995.

[46]Forbes, Vivian Louis, and Vijay Skhuja. Challenging Acts of Marine Trans-Boundary Transgressions in the Indian Ocean Region. Kuala Lumpur: Maritime Institute of Malaysia (MIMA), 2004.

[47]Freeman, Donald B. The Straits of Malacca: Gateway or Gauntlet? Montreal: McGill-Queen's University Press, 2003.

[48]Friedman, Norman. Sea power and Space: From the Dawn of the Missile Age to Net-Centric Warfare. Annapolis, Md.: Naval Institute Press, 2000.

[49]GeiB, Robin and Anna Petrig. Piracy and Armed Robbery at Sea: The

Legal Framework for Counter–Piracy Operations in Somalia and the Gulf of Aden, Oxford: Oxford University, 2011.

[50]Gottschalk, Jack A., and Brian P. Flanagan. Jolly Roger with an Uzi: The Rise and Threat of Modern Piracy. Annapolis, Md.: Naval Institute Press, 2000.

[51]Guangdong Higher Court, Court Judgement of "The Case of Wei Siliang and Soni Wee and Others, Total 38 Suspects", in Renmen Fayuan Caipan Wenshu Xuan (The Selected Court Judgements), Beijing: Falu Chubianshe, 2001.

[52]Ho, Joshua, Catherine Zara Raymond, and Institute of Defence and Strategic Studies (Singapore). The Best of Times, the Worst of Times: Maritime Security in the Asia–Pacific. Singapore: World Scientific and Institute of Defence and Strategic Studies, 2005.

[53]Ignarski, Jonathan. Piracy, Law and Marine Insurance, In Piracy at Sea, edited by Eric Ellen, 181–187. Paris: ICC Publishing SA, 1989.

[54]Johnson, Derek, Mark J. Valencia. Piracy in Southeast Asia: Status, Issues, and Responses, IIAS/ISEAS Series on Maritime Issues and Piracy in Asia. Singapore: Institute of Southeast Asian Studies, 2005.

[55]Junker, Laura Lee. Raiding, Trading, and Feasting: The Political Economy of Philippine Chiefdoms. Honolulu: University of Hawaii Press, 1999.

[56]Kaplan, Robert D. Monsoon: the Indian Ocean and the Future of American Power, New York: Random House, 2010.

[57]Kaneda, Hideaki. Japanese Maritime Strategy in the New Era. In Maritime Strategies in Asia, edited by Jurgen Schwarz, 244–254. Bangkok: White Lotus Press, 2002.

[58]Kent, George, and Mark J. Valencia. Marine Policy in Southeast Asia. Berkeley: University of California Press, 1985.

[59]Kingsbury, Damien. Power Politics and the Indonesian Military. London; New York: Routledge Curzon, 2003.

[60]Kohli, Sourendra Nath. Sea Power and the Indian Ocean: With Special Reference to India. New Delhi: Tata McGraw-Hill, 1978.

[61]Kraska, James, Contemporary Maritime Piracy: International Law, Strategy and Diplomacy at Sea, Oxford: Praeger, 2011

[62]Krasner, Stephen D. Sovereignty: Organized Hypocrisy. Princeton, NJ: Princeton University Press, 1999.

[63]Langewiesche, William. The Outlaw Sea: Chaos and Crime on the World's Oceans. London: Granta Books, 2005.

[64]Langton, Christopher, ed. The Military Balance 2006. London: Routledge, 2006.

[65]Leifer, Michael. International Straits of the World: Malacca, Singapore, and Indonesia. Alphen aan den Rijn: Sijthoff & Noordhoff, 1978.

[66]Lewis, John Wilson, and Xue Litai. China's Strategic Seapower: The Politics of Force Modernization in the Nuclear Age, Studies in International Security and Arms Control. Stanford, Calif.: Stanford University Press, 1994.

[67]Lim, Teck Ghee, Mark J. Valencia. Conflict over Natural Resources in South-East Asia and the Pacific, Natural Resources of South-East Asia. Oxford: United Nations University Press,1990.

[68]Lintner, Bertil. Blood Brothers: Crime, Business and Politics in Asia. Crows Nest, N.S.W.: Allen & Unwin, 2002.

[69]Little, Benerson. The Sea Rover's Practice: Pirate Tactics and Techniques, 1630-1730. 1st ed. Washington, D.C.: Potomac Books, 2005.

[70]Livezey, William Edmund. Mahan on Sea Power. Rev. ed. Norman: University of Oklahoma Press, 1980.

[71]Lumpe, Lora. Running Guns: The Global Black Market in Small Arms. New York: Zed Books, 2000.

[72]Luttwak, Edward. The Political Uses of Sea Power. Baltimore, 1974.

[73]Mack, Andrew. A Peaceful Ocean? Maritime Security in the Pacific in the Post-Cold War Era, Studies in World Affairs 4. St Leonards, NSW, Australia: Allen & Unwin, 1993.

[74]Miller, Harry. Pirates of the Far East. London: Hale, 1970.

[75]Miller, Michael D. Marine War Risks. 2nd ed. London: Lloyd's of London Press, 1994.

[76]Misalucha, Charmaine. Gun Politics: The Diffusion of Small Arms and Light Weapons in Southeast Asia, SEACSN Working Paper Series, No. 1. Penang, Malaysia: Southeast Asian Conflict Studies Network, 2003.

[77]MoD. Defending the Country Entering the 21th Century. Jakarta: Ministry of Defence, Indonesia, 2003.

[78]Modelski, George, and William R. Thompson. Seapower in Global Politics, 1494-1993. Houndmills, Basingstoke, Hampshire: Macmillan Press, 1988.

[79]Mukundan, P. The Scourge of Piracy in Southeast Asia: Can Any Improvements Be Expected in the near Future? In Piracy in Southeast Asia: Status, Issues, and Responses, edited by Derek Johnson and Mark Valencia. Singapore: ISEAS Publications, 2005.

[80]Mulvenon, James C. Soldiers of Fortune: The Rise and Fall of the Chinese Military-Business Complex, 1978-1998, Studies on Contemporary China. Armonk, N.Y.: M.E. Sharpe, 2001.

[81]Murray, Dian H. Pirates of the South China Coast, 1790-1810. Stanford, Calif.: Stanford University Press, 1987.

[82]Naidu, G. The Straits of Malacca in the Malaysian Economy. In The Straits of Malacca: International Cooperation in Trade, edited by A. Hamzah. Kuala Lumpur: Pelanduk Publications (M) Sdn. Bhd., 1997.

[83]Nincic, Donna. Sea Lane Security and U.S. Maritime Trade: Chokepoints

as Scarce Resource. In Globalization and Maritime Power, edited by Sam Tangredi. Washington: National Defense University, 2002.

[84]Nordquist, Myron H., John Norton Moore. Security Flashpoints: Oil, Island, Sea Access and Military Confrontation. The Hague: Martinus Nijhoff, 1998.

[85]Odgaard, Liselotte. Maritime Security between China and Southeast Asia: Conflict and Cooperation in the Making of Regional Order. Aldershot, Hampshire, England: Ashgate, 2002.

[86]Oegroseno, Arif Havas. The Straits of Malacca and Challenges Ahead: Indonesian Point of View. In Straits of Malacca: Building a Comprehensive Security Environment, Kuala Lumpur: MIMA, 2004.

[87]Panikkar, Kavalam Madhava. India and the Indian Ocean: An Essay on the Influence of Sea Power on Indian History. 2nd ed. London: Allen & Unwin, 1951.

[88]Pennell, C. R. Bandits at Sea: A Pirates Reader. New York: New York University Press, 2001.

[89]Pehrson, Christopher J. Strings of Pearls: Meeting the Challenge of China's Rising Power Across the Asian Littoral, Carlisle, PA: Strategic Studies Institute, U.S. Army War College, July 2006。

[90]Peterson, M. J. An Historical Perspective on the Incidence of Piracy In Piracy at Sea, edited by Eric Ellen, pp.41-60. Paris: ICC Publishing SA, 1989.

[91]Phiphat, Tangsubkul, and Institute of Southeast Asian Studies. ASEAN and the Law of the Sea. Singapore: Institute of Southeast Asian Studies, 1982.

[92]Pugh, Michael C. Maritime Security and Peacekeeping: A Framework for United Nations Operations. Manchester: Manchester University Press, 1994.

[93]Reynolds, Clark G. Command of the Sea: The History and Strategy of Maritime Empires. Malabar, Fla.: Krieger Pub. Co., 1983.

[94]Richardson, Michael. A Time Bomb for Global Trade: Maritime-Related Terrorism in an Age of Weapons of Mass Destruction. Singapore: Institute of Southeast Asian Studies, 2004.

[95]Rubin, Alfred P. The Law of Piracy. 2nd ed. Irvington-on-Hudson, N.Y.: Transnational Publishers, 1998.

[96]Rumley, Dennis, Sanjay Chaturvedi and Mat Taib Yasin, The Security of Sea Lanes of Communication in the Indian Ocean Region. Kua Lumpur: Maritime Institute of Malaysia, 2007.

[97]Rutter, Owen. The Pirate Wind: Tales of the Sea-Robbers of Malaya. Singapore: Oxford University Press, 1986.

[98]Sakhuja, Vijay. The Straits of Malacca and Challenges Ahead: India's Perspective. In The Straits of Malacca: Building a Comprehensive Security Environment. Kuala Lumpur: Maritime Institute of Malaysia, 2004.

[99]Schwarz, J ü rgen, Wilfried A. Herrmann, and Hanns-Frank Seller. Maritime Strategies in Asia. Bangkok, Thailand: White Lotus Press, 2002.

[100]Sriro, Andrew I. Sriro's Desk Reference of Indonesian Law. Jakarta: Equinox Pub., 2006.

[101]Stuart, Robert. In Search of Pirates: A Modern-Day Odyssey in the South China Sea. Edinburgh: Mainstream, 2002.

[102]Subianto, Landry Haryo. Small Arms Problems in Southeast Asia: An Indonesian Case. In Small Is (Not) Beautiful:The Problem of Small Arm in Southeast Asia, edited by Phillps Jusario Vermonte, 23-54. Jakarta: Centre for Strategic and International Studies 2004.

[103]Tagliacozzo, Eric. Secret Trades, Porous Borders: Smuggling and States along a Southeast Asian Frontier, 1865-1915. New Haven: Yale University Press, 2005.

[104]Tanaka, Norihide, and Hitoshi Takase. Piracy and Ship's Safety: A View

from the Shipping Industry. In Combating Piracy and Ship Robbery: Charting the Future in Asia Pacific Waters, edited by Hamzah Ahmad and Akira Ogawa. Kuala Lumpur: Syarikat MAJ, 2001.

[105]Tarling, Nicholas. Anglo-Dutch Rivalry in the Malay World 1780-1824. Sydney: University of Queensland Press, 1962.

[106]Thomson, Janice E. Mercenaries, Pirates, and Sovereigns: State-Building and Extraterritorial Violence in Early Modern Europe, Princeton Studies in International History and Politics. Princeton, N.J.: Princeton University Press, 1994.

[107]Till, Geoffrey. Maritime Strategy and the Nuclear Age. 2nd ed. New York: St. Martin's Press, 1984.

[108]Todd, Paul, Maritime Fraud and Piracy (Second Edition), London: Lloyd's List, 2010.

[109]Touwen, Jeroen. Shipping and Trade in the Java Sea Region, 1870-1940: A Collection of Statistics on the Major Java Sea Ports. Leiden: KITLV Press, 2001.

[110]Trocki, Carl A. Prince of Pirates: The Temenggongs and the Development of Johor and Singapore, 1784-1885. Singapore: Singapore University Press, 1979.

[111]Tunander, Ola. Cold Water Politics: The Maritime Strategy and Geopolitics of the Northern Front. London: Sage, 1989.

[112]UNHCR. The State of World's Refugees: Fifty Years of Humanitarian Action. London: Oxford University Press, 2000.

[113]Utrecht, Ernst. Indonesian Army: A Socio-Political Study of an Armed, Privileged Group in Developing Countries. Townsville: James Cook University of North Queensland, 1980.

[114]Valencia, Mark. Piracy and Terrorism in Southeast Asia: Similarities,

Differences and Their Implications. In Piracy in Southeast Asia: Status, Issues, and Responses, edited by Derek Johnson and Mark Valencia, 77–102. Singapore: ISEAS Publications, 2005.

[115]Valencia, Mark J., Jon M. Van Dyke, and Noel A. Ludwig. Sharing the Resources of the South China Sea. Honolulu: University of Hawaii Press, 1999.

[116]Walkate, Jaap A. Aspects of International Action to Combat Piracy at Sea. In Piracy at Sea, edited by Eric Ellen, 213–218. Paris: ICC Publishing SA, 1989.

[117]Warren, James Francis. Iranun and Balangingi: Globalization, Maritime Raiding and the Birth of Ethnicity. Singapore: Singapore University Press, 2002.

[118]Warren, James Francis. The Sulu Zone 1768–1898: The Dynamics of External Trade, Slavery, and Ethnicity in the Transformation of a Southeast Asian Maritime State. Singapore: Singapore University Press, 1985.

[119]Warren, James Francis. A Tale of Two Centuries: The Globalisation of Maritime Raiding and Piracy in Southeast Asia at the End of the Eighteenth and Twentieth Centuries. Singapore: Asia Research Institute National University of Singapore, 2003.

[120]White, John. A Voyage to Cochin China. Kuala Lumpur, New York: Oxford University Press, 1972.

[121]Wilson, David, and R. J. Sherwood. Oceans Governance and Maritime Strategy. St. Leonards, N.S.W.: Allen & Unwin, 2000.

[122]Xu, Ke. Anti–Piracy Dilemma in Southeast Asia. In China–Asean Relations–Economic and Legal Dimensions, edited by John Wong, Zou Keyuan and Zeng Huaqun. Singapore: World Scientific Publishing Pte.Ltd, 2006.

[123]Xu, Ke. Piracy, Seaborne Trade and the Rivalries of Foreign Sea Powers in Southeast Asia In Piracy, Maritime Terrorism and Securing Maritime Southeast Asia, edited by Graham Gerald Ong–Webbs. Singapore: Institute of Southeast

Asian Studies, 2006.

[124]Young, Adam J. "Roots of Contemporary Maritime Piracy in Southeast Asia." In Piracy in Southeast Asia: Status, Issues, and Responses, edited by Derek Johnson and Mark Valencia. Singapore: ISEAS Publications, 2005.

[125]Zhao, Jianhua. Straits Malacca and Challenges Ahead: Perspectives from Littoral and User States. In The Straits of Malacca: Building a Comprehensive Security Environment. Kuala Lumpur: Maritime Institute of Malaysia, 2004.

[126]Zou, Keyuan. Law of the Sea in East Asia: Issues and Prospects. London and New York: Routledge Taylor & Francis Group, 2005.

[127]Abbot, Jason, and Neil Renwick. Pirates? Maritime Piracy and Social Security in Southeast Asia. Pacific Review 11, no. 1 February (1999):7–24.

[128]Beckman, Robert C. Combating Piracy and Armed Robbery against Ships in Southeast Asia: The Way Forward. Ocean Development & International Law, no. 33 (2002): 317–341.

[129]Davis, Anthony. Piracy in Southeast Asia Shows Signs of Increased Organization. Jane's Intelligence Review, no. June 1 (2004):24–26.

[130]Djalal, Hasjim. Piracy and Challenges of Cooperative Security and Enforcement Policy. The Indonesian Quarterly 30, no. 3 (2002): 106–116.

[131]Djalal, Hasjim. Piracy in Southeast Asia: Indonesian & Regional Responses. Indonesian Journal of International Law 1, no. 3 (2004): 419–440.

[132]Djalal, Hasjim.. Piracy in Southeast Asia: Indonesian & Regional Responses. Jurnal Campo, Joseph N. F. M. a. "Discourse without Discussion: Representations of Piracy in Colonial Indonesia 1816–25." Journal of Southeast Asian Studies 34, no. 2 (2003): 199–214.

[133]Chalk, Peter. Contemporary Maritime Piracy in Southeast Asia. Studies in Conflict and Terrorism 21, no. 2 (1997): 87–112.

[134]Chanda, Nayan. Foot in the Water. Far Eastern Economic Review 163,

no. 10 (9 March 2000): 28–29.

[135]Economist. South Sea Piracy: Dead Men Tell No Tales. Economist 353, no. 8150 (1999): 87.

[136]Eklof, Stefan. Political Piracy & Maritime Terrorism: A Comparison between the Southern Philippines and the Straits of Malacca,. In ISEAS conference: Maritime Security, Maritime Terrorism and Piracy in Southeast Asia. Singapore: Institute of Southeast Asian Studies (ISEAS), 2004.

[137]Ellis, Eric. "Singapore's New Straits: Piracy on the High Seas in on the Rise in South–East Asia." Fortune 148, no. 6 (2003): 24.

[138]Emmers, Ralf. "ASEAN and Securitization of Transnational Crime in Southeast Asia." The Pacific Review 16, no. 3 (2003): 419–438.

[139]Guoxing, Ji. China Versus South China Sea Security. Security Dialogue 29, no. 1 (January 1998):12–24.

[140]Harsono, Andreas. Dark Alliance Rules the High Seas. Nation, 13 April 1999.

[141]Hiramatsu, Shigeo. China's Advances in the South China Sea: Strategies and Objectives. Asia–Pacific Review 8, no. 1 (2001):23–45.

[142]Hong, Jingtang. Haidao Lei:Yige Siqiu De Linghun Canhui (the Tears of a Pirate: The Confession of a Pirate Awaiting for Execution). In Haidao Lei: Yige Siqiu De Linghun Canhui [the Tears of a Pirate: The Confession of a Pirate Awaiting for Execution], edited by Beij Wenxue. Beijing: Huawen Press, 2003.

[143]Kindleberger, Charles O. "International Public Goods without International Government." American Economic Review 76, no. 1 (1986): 1–13.

[144]Knaap, Gerrit. Shipping and Trade in Java C1775: A Quantitative Analysis. Modern Asian Studies 33, no. 2 (1999): 405–420.

[145]Kompas. Kapal Perompak Lebih Cepat. Kompas, 27 Januari 2001.

[146]Jesus, Jose Luis. Protection of Foreign Ships against Piracy and

Terrorism at Sea: Legal Aspects. The International Journal of Marine and Coastal Law 18, no. 3 (2003): 363–400.

[147]Little, Daniel. Rational–Choice Models and Asian Studies. The Journal of Asian Studies 50, no. 1 (1991, February).

[148]Marlay, Ross. China, the Philippines, and the Spratly Islands. Asian Affairs: An American Review 23, no. 4 (Winter 1997).

[149]McCaffrie, Jack, and Malaysian Institute of Maritime Affairs. New Technologies and Their Input into the Maritime Balance in the Asia–Pacific [150]Region, MIMA Issue Paper, No. 4/95. Kuala Lumpur: Maritime Institute of Malaysia, 1995.

[151]McCawley, Tom. Sea of Trouble. Far Eastern Economic Review 167, no. 21 (2004): 50–52.

[152]Mo, John. Options to Combat Maritime Piracy in Southeast Asia. Ocean Development & International Law, no. 33 (2002): 343–358.

[153]Saywell, Trish. Fishing for Trouble. Far Eastern Economic Review (13 March 1997): 50–52.

[154]Shieh, Shawn. The Rise of Collective Corruption in China: The Xiamen Smuggling Case. Journal of Contemporary China 14, no. 42 (2005): 67–91.

[155]Tagliacozzo, Eric. A Necklace of Fins: Marine Goods Trading in Maritime Southeast Asia, 1780–1860 International Journal of Asian Studies 1, 1 (2004):23–48.

[156]Teitler, Ger. Piracy in Southeast Asia: A Historical Comparison. MAST 1, no. 1 (2002): 67–83.

[157]Tempo. Interview––Navy Admiral Bernard Sondakh: "the Navy Is Not a Security Guard". Tempo, July 26 (2004):42–45.

[158]UN. Convention for the Suppression of Unlawful Acts against the Safety of Maritime Navigation, 1988, Annex 2. edited by UN Treatry Series: UN, 2004.

[159]UN. The United Nations Convention on the Law of the Sea (UNCLOS) , U.N. Doc. A/Conf.62/122,. United Nations, 1982.

[160]Urquhart, Donald. Concrete Action Most Needed in Region's War on Piracy. Business Times 31 October 2005.

[161]Urquhart, Donald. Malacca Strait Risk Premiums Set to Skyrocket. The Business Times, 5 July 2005, 19.

[162]Valencia, Mark. The Politics of Anti-Piracy and Anti-Terrorism Responses in Southeast Asia, In ISEAS conference: Maritime Security, Maritime Terrorism and Piracy in Southeast Asia. Singapore: Institute of Southeast Asian Studies, 2004.

[163]Valencia, Mark. off shore North-East Asia: Oil, Gas and International Relations, EIU Special Report, No. 1139. London: Economist Intelligence Unit, 1988.

[164]Viviano, Frank. China's Great Voyager. National Geographic 208, no. 1 (2005):28-53.

[165]Xu, Ke, "Chinese Response to Maritime Piracy in Indian Ocean and its Implications to the China's Indian Ocean Strategy" in "the 4th International Maritime Conference 2011 (IMC 2011)" organized by the National Centre for Maritime Policy Research (NCMPR), Bahria University, 8-9 March, 2011, Karachi, Pakistan.

[166]Xu, Ke, The Regional Maritime Security Implications after the China-ASEAN Free trade Agreement : A Chinese Perspective, in International Conference "China-ASEAN Free Trade Agreement: Regional Implications" jointly organized by Institute of China Studies, University of Malaya and Institute of Malaysian Studies, Xiamen University, 27-28 September 2010, Kuala Lumpur, Malaysia.

[167]Xu, Ke, The Rise and Fall of Contemporary Maritime Piracy in

Southeast Asia, Symposium on Piracy and Maritime Security in the Southeast China Sea, organized by National Institute for South China Sea Studies, China, 15–16 March 2008, Sanya, Hainan, China.

[168]Xu, Ke, Perceptions, Responses, and Challenges in Maritime Security Cooperation in the Straits of Malacca: A Singapore Perspective, Maritime Cooperation in East Asia: Competing Understandings of Human Security, organized by New Zealand Asia Institute, University of Auckland and Swinburne University of Technology Malaysia, 7 – 8 December 2007, Kuching, Malaysia.

[169]Xu, Ke, Shipping Industry and the Rise and fall of Contemporary Maritime Piracy in Southeast Asia, Asia–Pacific Shipping and Ports 2008 & Beyond: Challenges in Regulation, Strategy & Policy, organized by Centre for Maritime Studies, National University of Singapore, 17–18 December 2007, Singapore.

[170]Xu, Ke, Maritime Security Updates in the Straits of Malacca at the 5th Maritime Security Workshop held in Singapore, 6–8 December 2006, organised by Temasek Defence Institute, National University of Singapore, Singapore.

[171]Xu, Ke, Myth and Reality: The Rise and Fall of Contemporary Maritime Piracy in the South China Sea Maritime Security in the South China Sea: Regional Implications and International Cooperation, edited by Wu Shicun and Zou Keyuan , Aldershot, United Kingdom: Ashgate Publishing, 2009.

[172]Xu, Ke, Piracy and Energy Security in Asian Waters, Asian Energy Security: The Maritime Dimension, edited by Hongyi Lai, Palgrave Macmillan, 2009.

[173]Xu, Ke, Indonesian New Maritime Security Proposal, Maritime Studies, January/ February 2008, No.158:25–26, the Australian Association for Maritime Affairs.

[174]Xu, Ke, The United States Anti–Piracy Policy , Maritime Studies,

September/ October 2007, No.156:14–16, the Australian Association for Maritime Affairs.

[175]Xu, Ke, Piracy, Seaborne Trade and the Rivalries of Foreign Sea Powers in East and Southeast Asia,Piracy, Maritime Terrorism and Securing the Malacca Straits, edited by Graham Gerald Ong–Webb, Singapore: Institute of Southeast Asian Studies, 2006, pp.221–240.

[176]Xu, Ke, Anti–piracy dilemmas in Southeast Asia, China–ASEAN Relations–Economic and Legal Dimensions, edited by John Wong, Zou Keyuan and Zeng Huaqun. Singapore: World Scientific Publishing Pte. Ltd., 2006

[177]Xu, Ke, Maritime Piracy in Southeast Asian Waters and Regional Security. Dangdai Yatai(Contemporary Asian Affairs), No. 3, 2003:46–51.

[178]Westlake, Michael. But Is It Safe? Far Eastern Economic Review 155, no. 46 (1992): 45–46.

[179]Young, .Adam. J., and Mark J. Valencia Conflation of Piracy and Terrorism in Southeast Asia: Rectitude and Utility. Contemporary Southeast Asia Vol. 25, no. 2. (2003): 269–283.

[180]Zheng, Yongnian, Keyuan Zou, and National University of Singapore. East Asian Institute. Towards More Effective Governance: China's Politics in 1998, EAI Occasional Paper; No. 16. Singapore: Singapore University Press, 1999.

[181]Zou, Keyuan. Enforcing the Law of Piracy in the South China Sea, EAI Background Brief ; No. 19. Singapore: East Asian Institute National University of Singapore, 1998.

[182]Zou, Keyuan. Piracy at Sea and China's Response. Lloyd's Maritime and Commercial Law Quarterly (2000): 364–382.

[183]Zou, Keyuan. Seeking Effectiveness for the Crackdown of Piracy at Sea. Journal of International Affairs 59, no. 1 (2005): 117–134.

[184]Zou, Keyuan. Why China's Rampant Corruption Cannot Be Checked by Laws Alone, EAI Background Brief; No. 74. Singapore: East Asian Institute National University of Singapore, 2000.